KB218963

에듀윌과 함께 시작하면,
당신도 합격할 수 있습니다!

오랜 직장 생활을 마감하며 찾아온 앞날에 대한 막연한 두려움
에듀윌만 믿고 공부해 합격의 길에 올라선 50대 은퇴자

출산한지 얼마 안돼 독박 육아를 하며 시작한 도전!
새벽 2~3시까지 공부해 8개월 만에 동차 합격한 아기엄마

만년 가구기사 보조로 5년 넘게 일하다, 달리는 차 안에서도
포기하지 않고 공부해 이제는 새로운 일을 찾게 된 합격생

누구나 합격할 수 있습니다.
시작하겠다는 '다짐' 하나면 충분합니다.

마지막 페이지를 덮으면,

에듀윌과 함께
공인중개사 합격이 시작됩니다.

eduwill

15년간 베스트셀러 1위
에듀윌 공인중개사 교재

탄탄한 이론 학습! 기초입문서/기본서/핵심요약집

기초입문서(2종)

기본서(6종)

1차 핵심요약집+기출팩(1종)

출제경향 파악, 실전 엿보기! 단원별/회차별 기출문제집

단원별 기출문제집(6종)

회차별 기출문제집(2종)

다양한 문제로 합격점수 완성! 기출응용 예상문제집/실전모의고사

기출응용 예상문제집(6종)

실전모의고사(2종)

공인중개사,
에듀윌을 선택해야 하는 이유

9년간 아무도 깨지 못한 기록
합격자 수 1위

합격을 위한 최강 라인업
1타 교수진

공인중개사

합격만 해도 연 최대 300만원 지급
에듀윌 앰배서더

업계 최대 규모의 전국구 네트워크
동문회

1위 에듀윌만의
체계적인 합격 커리큘럼

합격자 수가 선택의 기준, 완벽한 합격 노하우
온라인 강의

① 전 과목 최신 교재 제공
② 업계 최강 교수진의 전 강의 수강 가능
③ 합격에 최적화 된 1:1 맞춤 학습 서비스

쉽고 빠른 합격의 첫걸음 합격필독서 무료 신청

최고의 학습 환경과 빈틈 없는 학습 관리
직영학원

① 현장 강의와 온라인 강의를 한번에
② 시험일까지 온라인 강의 무제한 수강
③ 강의실, 자습실 등 프리미엄 호텔급 학원 시설

COUPON
당일 등록 회원
시크릿 할인 혜택

설명회 참석 당일 등록 시 특별 수강 할인권 제공

친구 추천 이벤트

"친구 추천하고 한 달 만에
920만원 받았어요"

친구 1명 추천할 때마다 현금 10만원 제공
추천 참여 횟수 무제한 반복 가능

※ *a*o*h**** 회원의 2021년 2월 실제 리워드 금액 기준
※ 해당 이벤트는 예고 없이 변경되거나 종료될 수 있습니다.

친구 추천 이벤트
바로가기

자세한 내용이 궁금하다면 1600-6700
* 2023 대한민국 브랜드만족도 공인중개사 교육 1위 (한경비즈니스)

합격자 수 1위 에듀윌
7만 건이 넘는 후기

고○희 합격생

부알못, 육아맘도 딱 1년 만에 합격했어요.

저는 부동산에 관심이 전혀 없는 '부알못'이었는데, 부동산에 관심이 많은 남편의 권유로 공부를 시작했습니다. 남편 지인들이 에듀윌을 통해 많이 합격했고, '합격자 수 1위'라는 광고가 좋아 에듀윌을 선택하게 되었습니다. 교수님들이 커리큘럼대로만 하면 된다고 해서 믿고 따라갔는데 정말 반복 학습이 되더라고요. 아이 둘을 키우다 보니 낮에는 시간을 낼 수 없어서 밤에만 공부하는 게 쉽지 않아 포기하고 싶을 때도 있었지만 '에듀윌 지식인'을 통해 합격하신 선배님들과 함께 공부하는 동기들의 위로가 큰 힘이 되었습니다.

이○용 합격생

군복무 중에 에듀윌 커리큘럼만 믿고 공부해 합격

에듀윌이 합격자가 많기도 하고, 교수님이 많아 제가 원하는 강의를 고를 수 있는 점이 좋았습니다. 또, 커리큘럼이 잘 짜여 있어서 잘 따라만 가면 공부를 잘 할 수 있을 것 같아 에듀윌을 선택했습니다. 에듀윌의 커리큘럼대로 꾸준히 따라갔던 게 저만의 합격 비결인 것 같습니다.

안○원 합격생

5개월 만에 동차 합격, 낸 돈 그대로 돌려받았죠!

저는 야쿠르트 프레시매니저를 하다 60세에 도전하여 합격했습니다. 심화 과정부터 시작하다 보니 기본이 부족했는데, 교수님들이 하라는 대로 기본 과정과 책을 더 보면서 정리하며 따라갔던 게 주효했던 것 같습니다. 합격 후 100만 원 가까이 되는 큰 돈을 환급받아 남편이 주택관리사 공부를 한다고 해서 뒷받침해 줄 생각입니다. 저는 소공(소속 공인중개사)으로 활동을 하고 싶은 포부가 있어 최대 규모의 에듀윌 동문회 활동도 기대가 됩니다.

다음 합격의 주인공은 당신입니다!

더 많은
합격 비법

시작하는 방법은
말을 멈추고
즉시 행동하는 것이다.

– 월트 디즈니(Walt Disney)

2025

에듀윌 공인중개사

이영방 합격패스 계산문제

부동산학개론

매년 약 9문제 출제되는
부동산학개론 계산문제!

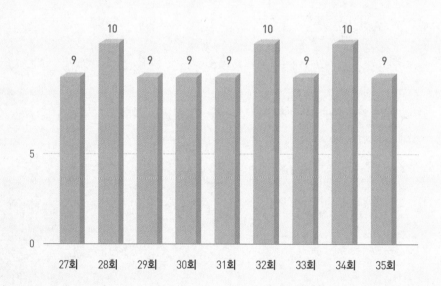

계산문제만 풀어도
약 20~25점을 확보할 수 있습니다.

시간 낭비? NO!
시험에 나오는 계산문제는 정해져 있습니다.

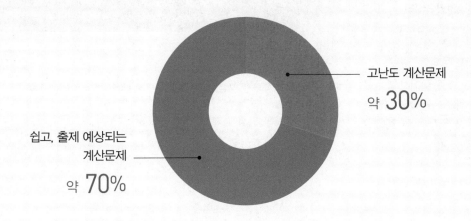

고난도 계산문제

약 30%

쉽고, 출제 예상되는
계산문제

약 70%

시험에 나온, 나올 문제 유형만 딱! 짚어서 만든
이영방 합격패스 계산문제로 합격하세요!

책의 구성과 특징

STEP 1 대표 문제로 개념 익히기!

❶ 출제 유형

기출분석을 통해 시험에 나온, 나올 출제 유형을 선정하였습니다.

❶

| 유 형 | 부동산시장론 |

01 개발정보의 현재가치와 초과이윤을 구하는 문제

~~초과이윤을 구하는 문제~~

❷ 대표 문제

유형별 꼭 풀어야 할 대표 문제를 수록하여 개념을 익힐 수 있도록 하였습니다.

❷

• 대표 문제

1년 후 신역사가 들어선다는 정보가 있다. 이 정보의 현재가치는? (단, 제시된 가격은 개발정보의 실현 여부에 의해 발생하는 가격 차이만을 반영하고, 주어진 조건에 한함) • 25회

- 역세권 인근에 일단의 토지가 있다.
- 역세권개발계획에 따라 1년 후 신역사가 들어설 가능성은 40%로 알려져 있다.
- 이 토지의 1년 후 예상가격은 신역사가 들어서는 경우 8억 8천만원, 들어서지 않는 경우 6억 6천만원이다.
- 투자자의 요구수익률은 연 10%다.

① 1억원 ② 1억 1천만원
③ 1억 2천만원 ④ 1억 3천만원
⑤ 1억 4천만원

$$= \frac{8억\ 8천만원}{1 + 0.1} = 8억원$$

3. 정보의 현재가치 = 확실성하의 현재가치 - 불확실성하의 현재가치
= 8억원 - 6억 8천만원 = 1억 2천만원

| 정답 | ③

❸ 방's KEY POINT

반드시 알아야 할 이론, 공식을 수록하여 유형익히기 문제로 넘어가기 전에 대표 문제 개념을 완벽 정리할 수 있도록 하였습니다.

❸

🐷 방's KEY POINT

1. 투자수익의 기댓값의 현재가치(불확실성하의 현재가치) = $\dfrac{투자수익의\ 기댓값}{1 + 요구수익률}$

2. 정보의 현재가치 = 확실성하의 현재가치 - 불확실성하의 현재가치

3. 초과이윤 = 정보가치 - 정보비용

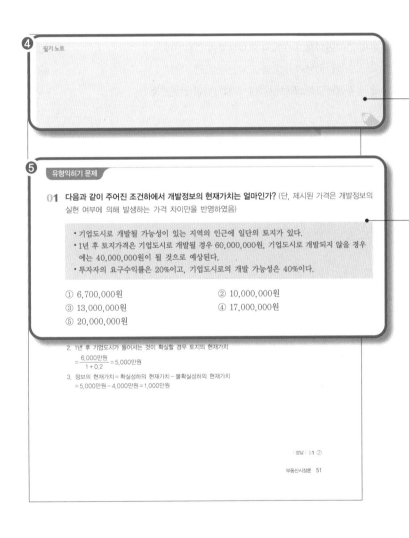

❹ 필기 노트

❹ 필기 노트

취약 개념이나 교수님 강의 내용을 기입할 수 있는 필기 노트 공간을 수록하였습니다.

❺ 유형익히기 문제

❺ 유형익히기 문제

01 다음과 같이 주어진 조건하에서 개발정보의 현재가치는 얼마인가? (단, 제시된 가격은 개발정보의 실현 여부에 의해 발생하는 가격 차이만을 반영하였음)

- 기업도시로 개발될 가능성이 있는 지역의 인근에 일단의 토지가 있다.
- 1년 후 토지가격은 기업도시로 개발될 경우 60,000,000원, 기업도시로 개발되지 않을 경우에는 40,000,000원이 될 것으로 예상된다.
- 투자자의 요구수익률은 20%이고, 기업도시로의 개발 가능성은 40%이다.

① 6,700,000원　　　　　　　　② 10,000,000원
③ 13,000,000원　　　　　　　　④ 17,000,000원
⑤ 20,000,000원

유형익히기 문제를 수록하여 변형 문제에 완벽 대비할 수 있도록 하였습니다.

2. 1년 후 기업도시가 들어서는 것이 확실할 경우 토지의 현재가치
$$= \frac{6,000만원}{1+0.2} = 5,000만원$$
3. 정보의 현재가치 = 확실성하의 현재가치 – 불확실성하의 현재가치
= 5,000만원 – 4,000만원 = 1,000만원

차례

저자의 말

안녕하세요, 공인중개사를 준비하는 수험생 여러분!

수험생들이 공인중개사 시험과목 중 부동산학개론은 그 범위가 매우 포괄적이고 내용이 난해하여 어려운 과목이라고 생각하는 경향이 있습니다. 이렇게 생각하는 이유 중 하나는 계산문제이며, 실제 계산문제로 인해 힘들어 하는 수험생들이 많습니다.

최근 10년간 공인중개사 시험에서 부동산학개론 계산문제는 9~10문제 정도 출제되었습니다. 계산문제가 9~10문제 정도 출제되는 경우에는 계산문제를 포기하고 합격점인 60점 이상을 득점하기는 쉽지 않습니다.

부동산학개론 시험문제에서 계산문제가 모두 어려운 것은 결코 아닙니다. 계산문제도 난이도가 골고루 분포되어 출제되고 출제유형이 정해진 것이 많으니 최소한의 기본적인 문제만 득점을 하여도 쉽게 합격점에 도달할 수 있게 됩니다.

이 문제집은 [부동산학개론]의 계산문제를 유형별로 정리하여 문제를 통해 여러분의 이해도를 높이고, 실력을 향상시키기 위해 제작되었습니다. 각 단원별로 구성된 문제들은 기출문제를 바탕으로 하여 실제 시험에서 자주 출제되는 유형을 포함하고 있습니다. 꼭 풀어야 할 대표 문제와 변형에 대비한 유형익히기 문제로 구성하였는데, 교재의 흐름만 잘 따라간다면 계산문제에서 좋은 점수를 획득할 수 있을 것입니다. 문제를 풀면서 어려운 부분이 있다면, 이론정리를 다시 참고하거나, 문제풀이 요령을 찾아보는 것도 좋은 방법입니다.

여러분의 학습에 이 계산문제집이 많은 도움이 되기를 바랍니다. 끝까지 포기하지 않고 도전하여 반드시 합격의 기쁨을 누리는 여러분이 되기를 응원합니다!

저자 이영방

약력

- 現 에듀윌 부동산학개론 전임 교수
- 前 숭실사이버대 부동산학과 외래 교수
- 前 EBS 명품 부동산학개론 강사
- 前 부동산TV, 방송대학TV, 경인방송 강사
- 前 전국 부동산중개업협회 사전교육 강사
- 前 한국토지주택공사 직무교육 강사

저서

에듀윌 공인중개사 부동산학개론 기초입문서,
기본서, 합격서, 단원별/회차별 기출문제집,
핵심요약집, 기출응용 예상문제집, 실전모의고사,
필살키, 합격패스 계산문제 등 집필

이영방 T 인스타그램
(@yeongbanglee)

1

부동산경제론

01 개별수요함수로부터 시장수요함수를 구하는 문제

대표 문제 1

어떤 부동산에 대한 시장수요함수는 $P = 100 - 4Q_D$[여기서 P는 가격(단위: 만원), Q_D는 수요량(단위: m²)]이며, 이 시장의 수요자는 모두 동일한 개별수요함수를 갖는다. 이 시장의 수요자 수가 2배로 된다면 새로운 시장수요함수는? [단, 새로운 시장수요량은 Q_M으로 표기하며 다른 조건은 일정하다고 가정함. 또한 이 부동산은 민간재(private goods)이며 새로운 수요자들도 원래의 수요자들과 동일한 개별수요함수를 갖는다고 가정함] •19회

① $P = 100 - 4Q_M$
② $P = 100 - 2Q_M$
③ $P = 100 - 8Q_M$
④ $P = 200 - 4Q_M$
⑤ $P = 200 - 8Q_M$

| 해설 |

시장수요곡선은 동일한 가격수준에서 모든 소비자의 개별수요곡선을 수평적으로 합계한 것이며, 수평적 합계란 수량을 합한 것이다.

시장수요함수 $P = 100 - 4Q_D$를 수요량(Q_D)에 대해 정리하면 $Q_D = 25 - \frac{1}{4}P$이다.

그런데 시장수요자가 2배로 된다면 $Q_M = 2Q_D$이다.

따라서 $Q_M = 50 - \frac{1}{2}P$이다.

이것을 다시 가격(P)에 대해 정리하면 $P = 100 - 2Q_M$이 된다.

| 정답 | ②

필기 노트

01 어떤 부동산시장에 개별수요자가 50명이 존재한다. 이 시장의 수요자의 수요함수는 $P = 20 - 5Q$로 모두 동일한 개별수요함수를 갖는다고 할 때, 이 시장의 시장수요함수는? [단, 이 부동산은 사적재(private goods)이며, 시장수요량은 Q_M으로 표기하고 다른 조건은 일정하다고 가정함]

① $P = 10 - 5Q_M$ ② $P = 50 - 10Q_M$

③ $P = 20 - \dfrac{1}{10}Q_M$ ④ $P = 20 - 50Q_M$

⑤ $P = 20 - 10Q_M$

| 해설 |

개별수요함수 $P = 20 - 5Q$를 수요량(Q)에 대해 정리하면 $Q = 4 - \dfrac{1}{5}P$이다.

그런데 부동산시장에 개별수요자가 50명이 존재하므로 수요자 수를 곱하면 $Q_M = 200 - 10P$이다.

이것을 다시 가격(P)에 대해 정리하면 $P = 20 - \dfrac{1}{10}Q_M$이 된다.

어떤 부동산시장에는 100명의 개별수요자가 존재한다. 부동산에 대한 개별수요함수는 $Q_D = 10 - 2P$이고, 이 시장의 수요자는 모두 동일한 개별수요함수를 갖는다고 할 때 이 시장의 시장수요함수는? [단, 이 부동산은 사적재(private goods)이며, 시장수요량은 Q_M으로 표기하고 다른 조건은 일정하다고 가정함]

① $Q_M = 10 - 2P$

② $Q_M = 10 - 200P$

③ $Q_M = 10 - \dfrac{1}{50}P$

④ $Q_M = 1,000 - 200P$

⑤ $Q_M = 10 - \dfrac{1}{2}P$

| 해설 |

부동산시장에 개별수요자가 100명이 존재하므로 $Q_D = 10 - 2P$에 수요자 수를 곱한 시장수요함수는 $Q_M = 1,000 - 200P$가 된다. 이 문제는 개별수요함수를 수요량(Q)에 대해 정리할 필요가 없다.

| 정답 | ④

필기 노트

01 어느 주택시장에 개별수요자가 100명 존재하는데, 그들의 수요곡선은 $Q_D = 30 - 2P$로 동일하다고 한다. 이 시장의 시장수요함수는? (새로운 시장수요량은 Q_M이다)

① $Q_M = 3,000 - \dfrac{1}{10}P$

② $Q_M = 300 - 2P$

③ $Q_M = 3,000 - 2P$

④ $Q_M = 3,000 - 200P$

⑤ $Q_M = 30 - \dfrac{1}{20}P$

| 해설 |

부동산시장에 개별수요자가 100명 존재하므로 $Q_D = 30 - 2P$에 수요자 수를 곱한 시장수요함수는 $Q_M = 3,000 - 200P$가 된다.

02 수요함수와 공급함수에서 균형가격, 균형량을 구하는 문제

대표 문제

아파트의 수요함수는 $P = 900 - Q_D$, 공급함수는 $P = 100 + Q_S$이다. 균형가격은? [단, P는 가격(단위: 만원), Q_D는 수요량(단위: m²), Q_S는 공급량(단위: m²)] • 14회

① 300만원
② 400만원
③ 500만원
④ 600만원
⑤ 700만원

| 해설 |

균형점에서는 수요량(Q_D)과 공급량(Q_S)이 일치하며, 수요가격과 공급가격이 일치한다.

따라서 $900 - Q_D = 100 + Q_S$

$2Q = 800$

∴ $Q = 400$이 된다.

따라서 균형거래량(Q) 400을 수요함수나 공급함수에 대입하면 균형가격(P)은 500만원이 된다.

| 정답 | ③

방's KEY POINT

1. 균형가격은 수요량(Q_D)과 공급량(Q_S)이 일치할 때의 가격이다.
2. 균형량은 수요가격과 공급가격이 일치할 때의 수량이다.
3. 수요함수와 공급함수를 같게(등호) 하고 가격(P)이나 수량(Q)을 구한다.

필기 노트

01 어떤 부동산에 대한 수요함수는 $P = 1,200 - Q_D$, 공급함수는 $P = 200 + Q_S$이다. 균형가격과 균형거래량은? [단, P는 가격(단위: 만원), Q_D는 수요량(단위: m²), Q_S는 공급량(단위: m²)]

	균형가격	균형거래량		균형가격	균형거래량
①	300만원	200m²	②	400만원	250m²
③	500만원	300m²	④	600만원	400m²
⑤	700만원	500m²			

| 해설 |

균형가격은 수요량(Q_D)과 공급량(Q_S)이 일치할 때의 가격이다.

따라서 $Q_D = Q_S$

$1,200 - P = P - 200$

$2P = 1,400$

$\therefore P = 700$, $Q = 500$이 된다.

따라서 균형가격은 700만원, 균형거래량은 500m²가 된다.

02 어떤 부동산에 대한 수요 및 공급함수가 각각 $Q_D = 100 - 2P$, $Q_S = 10 + 4P$이다. 균형가격과 균형거래량은? [여기서 P는 가격(단위: 만원), Q_D는 수요량(단위: m²), Q_S는 공급량(단위: m²), 다른 조건은 일정하다고 가정함]

① 균형가격은 10만원, 균형거래량은 50m²

② 균형가격은 10만원, 균형거래량은 70m²

③ 균형가격은 15만원, 균형거래량은 50m²

④ 균형가격은 15만원, 균형거래량은 70m²

⑤ 균형가격은 20만원, 균형거래량은 65m²

| 해설 |

균형가격은 수요량(Q_D)과 공급량(Q_S)이 일치할 때의 가격이다.

따라서 $Q_D = Q_S$

$100 - 2P = 10 + 4P$

$6P = 90$

$\therefore P = 15$가 된다.

따라서 균형가격(P) 15만원을 수요함수나 공급함수에 대입하면 균형거래량(Q)은 70m²이 된다.

03 어느 부동산시장의 수요함수가 $Q_D = 2,000 - 6P$ 이고 공급함수가 $Q_S = -1,000 + 9P$ 라고 할 때 **균형가격과 균형거래량은?** [단, P는 가격(단위: 만원), Q_D, Q_S는 각각 수요량과 공급량(단위: m²) 이며, 다른 조건은 일정하다고 가정함]

	균형가격	균형거래량		균형가격	균형거래량
①	200만원	200m²	②	200만원	800m²
③	600만원	400m²	④	800만원	200m²
⑤	1,000만원	200m²			

| 해설 |

균형점에서는 수요량과 공급량이 일치한다.

따라서 $2,000 - 6P = -1,000 + 9P$ 이며, $3,000 = 15P$ 이다.

그러므로 균형가격(P)은 200만원, 균형거래량(Q)은 800m²이다.

03 수요함수와 공급함수에서 시장균형의 변동을 구하는 문제

대표 문제

다음 조건에서 A지역 아파트시장이 t시점에서 (t + 1)시점으로 변화될 때, 균형가격과 균형량의 변화는? (단, 주어진 조건에 한하며, P는 가격, Q_S는 공급량이며, Q_{d1}과 Q_{d2}는 수요량임)

• 28회

• 아파트 공급함수: $Q_S = 2P$
• t시점 아파트 수요함수: $Q_{d1} = 900 - P$
• (t + 1)시점 아파트 수요함수: $Q_{d2} = 1,500 - P$

	균형가격	균형량		균형가격	균형량
①	200 상승	400 감소	②	200 상승	400 증가
③	200 하락	400 감소	④	200 하락	400 증가
⑤	200 상승	200 증가			

| 해설 |

• t시점: A지역의 아파트시장에서 수요함수는 $Q_{d1} = 900 - P$, 공급함수는 $Q_S = 2P$라면, 균형점에서 $900 - P = 2P$이므로 $3P = 900$이다. 따라서 $P = 300$, $Q = 600$이다.
• (t + 1)시점: 아파트 수요함수가 $Q_{d2} = 1,500 - P$로 변하고 공급함수는 그대로 $Q_S = 2P$라면, 균형점에서 $1,500 - P = 2P$이므로 $3P = 1,500$이다. 따라서 $P = 500$, $Q = 1,000$이 되므로, 균형가격은 200만큼 상승, 균형량은 400만큼 증가했다.

| 정답 | ②

필기 노트

01 A지역의 오피스텔시장 공급량(Q_S)이 $3P$이고, A지역의 오피스텔시장 수요함수가 $Q_{d1} = 1,200$ $- P$에서 $Q_{d2} = 1,600 - P$로 변화하였다. 이때 A지역 오피스텔시장의 균형가격의 변화는? (단, P는 가격, Q_{d1}과 Q_{d2}는 수요량이며, 다른 조건은 일정하다고 가정함) • 26회

① 50 하락

② 50 상승

③ 100 하락

④ 100 상승

⑤ 변화 없음

| 해설 |

최초 A지역의 오피스텔시장 수요함수는 $Q_{d1} = 1,200 - P$, 시장공급함수는 $Q_S = 3P$라면, 균형점에서 $1,200 - P = 3P$이므로 $4P = 1,200$이다.
따라서 $P = 300$, $Q = 900$이다.
그런데 오피스텔시장 수요함수가 $Q_{d2} = 1,600 - P$로 변하고 시장공급함수는 그대로 $Q_S = 3P$라면, 균형점에서 $1,600 - P = 3P$이므로 $4P = 1,600$이다.
따라서 $P = 400$, $Q = 1,200$이 되므로, 균형가격은 100만큼 상승했다.

02 어떤 부동산에 대한 수요 및 공급함수가 각각 $Q_{D1} = 900 - P$, $Q_S = 2P$이다. 소득 증가로 수요함수가 $Q_{D2} = 1,200 - P$로 변한다면 균형가격과 균형거래량은 어떻게 변하는가? [여기서 P는 가격(단위: 만원), Q_{D1}과 Q_{D2}는 수요량(단위: m²), Q_S는 공급량(단위: m²), 다른 조건은 일정하다고 가정함] • 19회

① 균형가격은 300만원에서 400만원으로 상승, 균형거래량은 600m²에서 800m²로 증가

② 균형가격은 900만원에서 1,200만원으로 상승, 균형거래량은 600m²에서 800m²로 증가

③ 균형가격은 400만원에서 300만원으로 하락, 균형거래량은 600m²에서 800m²로 증가

④ 균형가격은 300만원에서 400만원으로 상승, 균형거래량은 900m²에서 1,200m²로 증가

⑤ 균형가격은 300만원에서 400만원으로 상승, 균형거래량은 900m²에서 600m²로 감소

| 해설 |

최초 어떤 부동산에 대한 수요 및 공급함수가 각각 $Q_{D1} = 900 - P$, $Q_S = 2P$라면, 균형점에서 $900 - P = 2P$이므로 $3P = 900$이다.
따라서 $P = 300$, $Q = 600$이다.
그런데 소득 증가로 수요함수가 $Q_{D2} = 1,200 - P$로 변하고 시장공급함수는 그대로 $Q_S = 2P$라면, 균형점에서 $1,200 - P = 2P$이므로 $3P = 1,200$이다.
따라서 $P = 400$, $Q = 800$이 되므로 균형가격은 300만원에서 400만원으로 상승, 균형거래량은 600m²에서 800m²로 증가한다.

03 처음에 어떤 부동산의 시장수요함수가 $Q_D = 150 - 5P$이고, 시장공급함수가 $Q_S = 20 + 8P$이었으나, 소비자의 선호가 변하여 시장수요함수가 $Q_D = 200 - 4P$로 바뀌었다. 균형가격과 균형거래량의 변화는? [단, P는 가격(단위: 만원), Q_D, Q_S는 각각 수요량과 공급량(단위: m²)이며, 다른 조건은 일정하다고 가정함]

	균형가격	균형거래량		균형가격	균형거래량
①	5만원 상승	40m² 증가	②	5만원 상승	40m² 감소
③	5만원 하락	20m² 감소	④	10만원 상승	20m² 증가
⑤	10만원 상승	20m² 감소			

| 해설 |

최초의 균형점에서는 $150 - 5P = 20 + 8P$이며, $13P = 130$이므로 $P = 10$, $Q = 100$이다.
시장수요가 변화한 후 균형점에서는 $200 - 4P = 20 + 8P$이며, $12P = 180$이므로
$P = 15$, $Q = 140$이다.
따라서 균형가격은 5만원 상승, 균형거래량은 40m² 증가한다.

04 A지역 아파트시장에서 수요함수는 일정한데, 공급함수는 다음 조건과 같이 변화하였다. 이 경우 균형가격(㉠)과 공급곡선의 기울기(㉡)는 어떻게 변화하였는가? (단, 가격과 수량의 단위는 무시하며, 주어진 조건에 한함) • 31회

> • 공급함수: $Q_{S1} = 30 + P$ (이전) ⇨ $Q_{S2} = 30 + 2P$ (이후)
> • 수요함수: $Q_d = 150 - 2P$
> • P는 가격, Q_S는 공급량, Q_d는 수요량, X축은 수량, Y축은 가격을 나타냄

① ㉠: 10 감소, ㉡: $\frac{1}{2}$ 감소   ② ㉠: 10 감소, ㉡: 1 감소

③ ㉠: 10 증가, ㉡: 1 증가   ④ ㉠: 20 감소, ㉡: $\frac{1}{2}$ 감소

⑤ ㉠: 20 증가, ㉡: $\frac{1}{2}$ 증가

| 해설 |

수요함수 $Q_d = 150 - 2P$, 공급함수 $Q_{S1} = 30 + P$라면,
$150 - 2P = 30 + P$이므로 $3P = 120$이다. 따라서 균형가격(P)은 40, 균형량(Q)은 70이다.
공급함수가 $Q_{S2} = 30 + 2P$로 변한다면 $150 - 2P = 30 + 2P$이므로 $4P = 120$이다. 따라서 균형가격(P)은 30, 균형량(Q)은 90이다.
따라서 균형가격(㉠)은 10 감소한다.
공급함수 $Q_{S1} = 30 + P$를 $P = -30 + Q_{S1}$로 바꾸면 기울기는 1이 된다.
또한 공급함수 $Q_{S2} = 30 + 2P$를 $P = -15 + \frac{1}{2}Q_{S2}$로 바꾸면 기울기는 $\frac{1}{2}$이 된다.
따라서 기울기(㉡)는 $\frac{1}{2}$만큼 감소한다.

05 A지역 아파트시장에서 공급은 변화하지 않고 수요는 다음 조건과 같이 변화하였다. 이 경우 균형가격(㉠)과 균형거래량(㉡)의 변화는? (단, P는 가격, Q_{D1}, Q_{D2}는 수요량, Q_S는 공급량, X축은 수량, Y축은 가격을 나타내고, 가격과 수량의 단위는 무시하며, 주어진 조건에 한함)　　•33회

> • 수요함수: $Q_{D1} = 120 - 2P$ (변화 전) ⇨ $Q_{D2} = 120 - \dfrac{3}{2}P$ (변화 후)
>
> • 공급함수: $Q_S = 2P - 20$

① ㉠: 5 상승, ㉡: 5 증가
② ㉠: 5 상승, ㉡: 10 증가
③ ㉠: 10 상승, ㉡: 10 증가
④ ㉠: 10 상승, ㉡: 15 증가
⑤ ㉠: 15 상승, ㉡: 15 증가

| 해설 |

변화 전 A지역의 아파트시장에서 수요함수는 $Q_{D1} = 120 - 2P$, 공급함수는 $Q_S = 2P - 20$이라면, 균형점에서는 $120 - 2P = 2P - 20$이므로 $4P = 140$이다.

따라서 $P = 35$, $Q = 50$이다.

변화 후 A지역의 아파트시장에서 수요함수가 $Q_{D2} = 120 - \dfrac{3}{2}P$로 변하고 공급함수는 그대로 $Q_S = 2P -$

20이라면, 균형점에서 $120 - \dfrac{3}{2}P = 2P - 20$이므로 $\dfrac{7}{2}P = 140$이다.

따라서 $P = 40$, $Q = 60$이 되므로, 균형가격(㉠)은 5만큼 상승, 균형거래량(㉡)은 10만큼 증가한다.

06 A지역 오피스텔시장에서 수요함수는 $Q_{D1} = 900 - P$, 공급함수는 $Q_S = 100 + \dfrac{1}{4}P$이며, 균형상태에 있었다. 이 시장에서 수요함수가 $Q_{D2} = 1{,}500 - \dfrac{3}{2}P$로 변화하였다면, 균형가격의 변화(㉠)와 균형거래량의 변화(㉡)는? (단, P는 가격, Q_{D1}과 Q_{D2}는 수요량, Q_S는 공급량, X축은 수량, Y축은 가격을 나타내고, 가격과 수량의 단위는 무시하며, 주어진 조건에 한함) • 35회

① ㉠: 160 상승, ㉡: 변화 없음
② ㉠: 160 상승, ㉡: 40 증가
③ ㉠: 200 상승, ㉡: 40 감소
④ ㉠: 200 상승, ㉡: 변화 없음
⑤ ㉠: 200 상승, ㉡: 40 증가

| 해설 |

변화 전 A지역의 오피스텔시장에서 수요함수는 $Q_{D1} = 900 - P$, 공급함수는 $Q_S = 100 + \dfrac{1}{4}P$라면, 균형점에서는 $900 - P = 100 + \dfrac{1}{4}P$이므로 $\dfrac{5}{4}P = 800$이다.

따라서 $P = 640$, $Q = 260$이다.

변화 후 A지역의 오피스텔시장에서 수요함수가 $Q_{D2} = 1{,}500 - \dfrac{3}{2}P$로 변하고 공급함수는 그대로 $Q_S = 100 + \dfrac{1}{4}P$라면, 균형점에서 $1{,}500 - \dfrac{3}{2}P = 100 + \dfrac{1}{4}P$ 이므로 $\dfrac{7}{4}P = 1{,}400$이다.

따라서 $P = 800$, $Q = 300$이 되므로, 균형가격(㉠)은 160만큼 상승, 균형거래량(㉡)은 40만큼 증가한다.

07 A부동산에 대한 기존 시장의 균형상태에서 수요함수는 $P = 200 - 2Q_d$, 공급함수는 $2P = 40 + Q_S$이다. 시장의 수요자 수가 2배로 증가되는 경우, 새로운 시장의 균형가격과 기존 시장의 균형가격 간의 차액은? [단, P는 가격(단위: 만원), Q_d는 수요량(단위: m²), Q_S는 공급량(단위: m²)이며, A부동산은 민간재(private goods)로 시장의 수요자는 모두 동일한 개별수요함수를 가지며, 다른 조건은 동일함] • 32회

① 24만원
② 48만원
③ 56만원
④ 72만원
⑤ 80만원

| 해설 |

1. 기존 시장의 균형상태에서 수요함수는 $P = 200 - 2Q_d$이고, 공급함수는 $2P = 40 + Q_S$라면 $P = 20 + \dfrac{1}{2}Q_S$이다.

   $200 - 2Q_d = 20 + \dfrac{1}{2}Q_S$에서, $\dfrac{5}{2}Q = 180$이므로 $Q = 72$이다.

   따라서 $P = 56$만원, $Q = 72$m²이다.

2. 시장의 수요자 수가 2배로 증가되는 경우 기존 시장수요함수 $P = 200 - 2Q_d$를 수요량(Q_d)에 대해 정리하면 $Q_d = 100 - \dfrac{1}{2}P$이다.

   그런데 시장의 수요자 수가 2배로 증가된다면 $Q_d{}^M = 2Q_d$이다.

   따라서 $Q_d{}^M = 200 - P$이다.

   이것을 다시 가격(P)에 대해 정리하면 새로운 시장수요함수는 $P = 200 - Q_d{}^M$이 된다.

   따라서 새로운 시장의 균형상태에서 수요함수는 $P = 200 - Q_d{}^M$이고 공급함수는 $2P = 40 + Q_S$라면 $P = 20 + \dfrac{1}{2}Q_S$이다.

   $200 - Q_d{}^M = 20 + \dfrac{1}{2}Q_S$에서 $\dfrac{3}{2}Q = 180$이므로, $Q = 120$이다.

   따라서 $P = 80$만원, $Q = 120$m²이다.

3. 새로운 시장의 균형가격과 기존 시장의 균형가격 간의 차액은 80만원 − 56만원 = 24만원이다.

08 다음의 ( )에 들어갈 내용으로 옳은 것은? (단, P는 가격, Q_d는 수요량이며, 다른 조건은 동일함)

> 어떤 도시의 이동식 임대주택시장의 수요함수는 $Q_d = 800 - 2P$, 공급함수는 $P_1 = 200$이다. 공급함수가 $P_2 = 300$으로 변할 경우 균형거래량의 변화량은 (㉠)이고, 공급곡선은 가격에 대하여 (㉡)이다.

① ㉠: 100 증가, ㉡: 완전탄력적
② ㉠: 100 증가, ㉡: 완전비탄력적
③ ㉠: 100 증가, ㉡: 단위탄력적
④ ㉠: 200 감소, ㉡: 완전비탄력적
⑤ ㉠: 200 감소, ㉡: 완전탄력적

| 해설 |

수요함수는 $Q_d = 800 - 2P$, $2P = 800 - Q_d$, $P = 400 - \frac{1}{2}Q_d$이며, 최초의 공급함수는 $P_1 = 200$이므로

최초의 균형거래량은 $400 - \frac{1}{2}Q_d = 200$, $\frac{1}{2}Q_d = 200$, $Q_d = 400$이다.

공급함수가 $P_2 = 300$으로 변할 경우 균형거래량은 $400 - \frac{1}{2}Q_d = 300$, $\frac{1}{2}Q_d = 100$, $Q_d = 200$이다.

따라서 균형거래량의 변화량은 200 감소하며, 공급함수가 $P_1 = 200$, $P_2 = 300$이라는 것은 공급곡선이 해당 가격수준에서 수평선(완전탄력적)이라는 것을 의미한다.

04 거미집모형 - 수요함수와 공급함수

대표 문제 1

A와 B부동산시장의 함수조건하에서 가격변화에 따른 동태적 장기조정과정을 설명한 거미집이론(cob-web theory)에 의한 모형 형태는? (단, P는 가격, Q_d는 수요량, Q_s는 공급량이고, 가격변화에 수요는 즉각적인 반응을 보이지만 공급은 시간적인 차이를 두고 반응하며, 다른 조건은 동일함)

• 25회

- A부동산시장: $2P = 500 - Q_d$, $3P = 300 + 4Q_S$
- B부동산시장: $P = 400 - 2Q_d$, $2P = 100 + 4Q_S$

	A	B		A	B
①	수렴형	발산형	②	발산형	순환형
③	순환형	발산형	④	수렴형	순환형
⑤	발산형	수렴형			

| 해설 |

1. A부동산시장에서는 수요함수가 $2P = 500 - Q_d$, 공급함수가 $3P = 300 + 4Q_S$로 주어졌다.
   기울기를 구하기 위해 이를 P에 대해 정리하면

   수요함수는 $P - 250 - \frac{1}{2}Q_d$, 공급함수는 $P = 100 + \frac{4}{3}Q_S$이다.

   따라서 수요곡선의 기울기 절댓값$\left(\frac{1}{2}\right)$보다 공급곡선의 기울기 절댓값$\left(\frac{4}{3}\right)$이 크므로, 수요의 가격탄력성이 공급의 가격탄력성보다 크다는 의미이며, 수렴형이 된다.

2. B부동산시장에서는 수요함수가 $P = 400 - 2Q_d$, 공급함수가 $2P = 100 + 4Q_S$로 주어졌다.
   기울기를 구하기 위해 이를 P에 대해 정리하면
   수요함수는 $P = 400 - 2Q_d$, 공급함수는 $P = 50 + 2Q_S$이다.
   따라서 수요곡선의 기울기 절댓값(2)과 공급곡선의 기울기 절댓값(2)이 같으므로, 수요의 가격탄력성과 공급의 가격탄력성이 같다는 의미이며, 순환형이 된다.

| 정답 | ④

01 A와 B부동산시장의 함수조건하에서 가격변화에 따른 동태적 장기조정과정을 설명한 거미집이론 (cob-web theory)에 의한 모형 형태는? (단, P는 가격, Q_d는 수요량, Q_s는 공급량이고, 가격변화에 수요는 즉각적인 반응을 보이지만 공급은 시간적인 차이를 두고 반응하며, 다른 조건은 동일함)

- A부동산시장: $P = 500 - Q_d$, $P = 300 + 4Q_s$
- B부동산시장: $P = 400 - 3Q_d$, $P = 100 + 2Q_s$

	A	B			A	B
①	수렴형	발산형		②	발산형	순환형
③	순환형	발산형		④	수렴형	순환형
⑤	발산형	수렴형				

| 해설 |

1. A부동산시장에서는 수요함수가 $P = 500 - Q_d$, 공급함수가 $P = 300 + 4Q_s$로 주어졌다.
   따라서 수요곡선의 기울기 절댓값(1)보다 공급곡선의 기울기 절댓값(4)이 크므로, 수요의 가격탄력성이 공급의 가격탄력성보다 크다는 의미이며, 수렴형이 된다.
2. B부동산시장에서는 수요함수가 $P = 400 - 3Q_d$, 공급함수가 $P = 100 + 2Q_s$로 주어졌다.
   따라서 수요곡선의 기울기 절댓값(3)이 공급곡선의 기울기 절댓값(2)보다 크므로, 수요의 가격탄력성보다 공급의 가격탄력성이 크다는 의미이며, 발산형이 된다.

A주택시장과 B주택시장의 함수조건이 다음과 같다. 거미집이론에 의한 두 시장의 모형 형태는?

(단, x축은 수량, y축은 가격, 각각의 시장에 대한 P는 가격, Q_d는 수요량, Q_S는 공급량, 다른 조건은 동일함) • 32회

- A주택시장: $Q_d = 200 - P$, $Q_S = 100 + 4P$
- B주택시장: $Q_d = 500 - 2P$, $Q_S = 200 + \dfrac{1}{2}P$

① A: 수렴형, B: 수렴형   ② A: 수렴형, B: 발산형

③ A: 수렴형, B: 순환형   ④ A: 발산형, B: 수렴형

⑤ A: 발산형, B: 발산형

| 해설 |

1. A주택시장은 수요함수가 $Q_d = 200 - P$, 공급함수가 $Q_S = 100 + 4P$로 주어졌다.

   기울기를 구하기 위해 이를 P에 대해 정리하면

   수요함수는 $P = 200 - Q_d$, 공급함수는 $P = -25 + \dfrac{1}{4}Q_S$이다.

   따라서 수요곡선의 기울기 절댓값(1)이 공급곡선의 기울기 절댓값$\left(\dfrac{1}{4}\right)$보다 크므로, 수요의 가격탄력성보다 공급의 가격탄력성이 크다는 의미이며, 발산형이 된다.

2. B주택시장은 수요함수가 $Q_d = 500 - 2P$, 공급함수가 $Q_S = 200 + \dfrac{1}{2}P$로 주어졌다.

   기울기를 구하기 위해 이를 P에 대해 정리하면

   수요함수는 $2P = 500 - Q_d$이며, $P = 250 - \dfrac{1}{2}Q_d$이다.

   공급함수는 $\dfrac{1}{2}P = -200 + Q_S$이며, $P = -400 + 2Q_S$이다.

   따라서 수요곡선의 기울기 절댓값$\left(\dfrac{1}{2}\right)$보다 공급곡선의 기울기 절댓값(2)이 크므로, 수요의 가격탄력성이 공급의 가격탄력성보다 크다는 의미이며, 수렴형이 된다.

| 정답 | ④

필기 노트

01 어느 지역의 수요와 공급함수가 각각 A부동산상품시장에서는 $Q_d = 100 - P$, $2Q_S = -10 + P$, B부동산상품시장에서는 $Q_d = 500 - 2P$, $3Q_S = -20 + 6P$이며, A부동산상품의 가격이 5% 상승하였을 때 B부동산상품의 수요가 4% 하락하였다. 거미집이론(cob-web theory)에 의한 A와 B 각각의 모형 형태와 A부동산상품과 B부동산상품의 관계는? (단, x축은 수량, y축은 가격, 각각의 시장에 대한 P는 가격, Q_d는 수요량, Q_S는 공급량이며, 다른 조건은 동일함) •29회

	A	B	A와 B의 관계
①	수렴형	순환형	보완재
②	수렴형	발산형	보완재
③	발산형	순환형	대체재
④	발산형	수렴형	대체재
⑤	순환형	발산형	대체재

| 해설 |

1. A부동산상품시장에서는 수요함수가 $Q_d = 100 - P$, 공급함수가 $2Q_S = -10 + P$로 주어졌다.
   기울기를 구하기 위해 이를 P에 대해 정리하면
   수요함수는 $P = 100 - Q_d$, 공급함수는 $P = 10 + 2Q_S$이다.
   따라서 수요곡선의 기울기 절댓값(1)보다 공급곡선의 기울기 절댓값(2)이 크므로, 수요의 가격탄력성이 공급의 가격탄력성보다 크다는 의미이며, 수렴형이 된다.
2. B부동산상품시장에서는 수요함수가 $Q_d = 500 - 2P$, 공급함수가 $3Q_S = -20 + 6P$로 주어졌다.
   기울기를 구하기 위해 이를 P에 대해 정리하면
   수요함수는 $2P = 500 - Q_d$이며, $P = 250 - \frac{1}{2}Q_d$,
   공급함수는 $6P = 20 + 3Q_S$이며, $P = \frac{20}{6} + \frac{1}{2}Q_S$이다.
   따라서 수요곡선의 기울기 절댓값$\left(\frac{1}{2}\right)$과 공급곡선의 기울기 절댓값$\left(\frac{1}{2}\right)$이 같으므로, 수요의 가격탄력성과 공급의 가격탄력성이 같다는 의미이며, 순환형이 된다.
3. 또한 A부동산상품의 가격이 5% 상승하였을 때 B부동산상품의 수요가 4% 하락하였다면 A부동산상품의 가격과 B부동산상품의 수요가 반대방향이므로 A와 B의 관계는 보완재 관계이다.

02 수요함수와 공급함수가 각각 A부동산시장에서는 $Q_d = 200 - P$, $Q_S = 10 + \frac{1}{2}P$이고, B부동산

시장에서는 $Q_d = 400 - \frac{1}{2}P$, $Q_S = 50 + 2P$이다. 거미집이론(cob-web theory)에 의한 A시

장과 B시장의 모형 형태의 연결이 옳은 것은? (단, x축은 수량, y축은 가격, 각각의 시장에 대한

P는 가격, Q_d는 수요량, Q_S는 공급량이며, 가격변화에 수요는 즉각 반응하지만 공급은 시간적인

차이를 두고 반응함, 다른 조건은 동일함)

① A: 수렴형, B: 발산형
② A: 수렴형, B: 순환형
③ A: 발산형, B: 수렴형
④ A: 발산형, B: 순환형
⑤ A: 순환형, B: 발산형

| 해설 |

1. A부동산시장에서는 수요함수가 $Q_d = 200 - P$, 공급함수가 $Q_S = 10 + \frac{1}{2}P$로 주어졌다.

기울기를 구하기 위해 이를 P에 대해 정리하면

수요함수는 $P = 200 - Q_d$,

공급함수는 $\frac{1}{2}P = -10 + Q_S$이며, $P = -20 + 2Q_S$이다.

따라서 수요곡선의 기울기 절댓값(1)보다 공급곡선의 기울기 절댓값(2)이 크므로, 수요의 가격탄력성이 공급의 가격탄력성보다 크다는 의미이며, 수렴형이 된다.

2. B부동산시장에서는 수요함수가 $Q_d = 400 - \frac{1}{2}P$, 공급함수가 $Q_S = 50 + 2P$로 주어졌다.

기울기를 구하기 위해 이를 P에 대해 정리하면

수요함수는 $\frac{1}{2}P = 400 - Q_d$이며, $P = 800 - 2Q_d$이나.

공급함수는 $2P = -50 + Q_S$이며, $P = -25 + \frac{1}{2}Q_S$이다.

따라서 수요곡선의 기울기 절댓값(2)이 공급곡선의 기울기 절댓값($\frac{1}{2}$)보다 크므로, 수요의 가격탄력성보다 공급의 가격탄력성이 크다는 의미이며, 발산형이 된다.

05 수요의 가격탄력성, 소득탄력성, 교차탄력성을 구하는 문제

대표 문제

어느 부동산의 가격이 5% 하락하였는데 수요량이 7% 증가했다면, 이 부동산 수요의 가격탄력성
은? (다만, 다른 조건은 동일함) • 21회

① 0.35
② 0.714
③ 1.04
④ 1.4
⑤ 1.714

| 해설 |

부동산수요의 가격탄력성 $= \left| \dfrac{\text{수요량변화율}}{\text{가격변화율}} \right| = \left| \dfrac{7\%}{-5\%} \right| = 1.4$

| 정답 | ④

필기 노트

01 A지역의 중형주택의 가격이 평균 10% 인상됨에 따라 중형주택에 대한 수요가 15% 감소하였다면, 중형주택 수요의 가격탄력성은 얼마인가? • 15회 추가

① 0.5 ② 1.0
③ 1.5 ④ 2.0
⑤ 2.5

| 해설 |

중형주택에 대한 수요의 가격탄력성 $= \left| \dfrac{\text{수요량변화율}}{\text{가격변화율}} \right| = \left| \dfrac{-15\%}{10\%} \right| = 1.5$

02 어느 지역의 오피스텔 가격이 2% 인상되었다. 오피스텔 수요의 가격탄력성이 1.5이라면, 오피스텔 수요량의 변화는? (단, 오피스텔은 정상재이고, 가격탄력성은 절댓값으로 나타내며, 다른 조건은 동일함) • 25회

① 1.5% 증가 ② 1.5% 감소
③ 3% 증가 ④ 3% 감소
⑤ 15% 감소

| 해설 |

오피스텔에 대한 수요의 가격탄력성 $= \left| \dfrac{\text{수요량변화율}}{\text{가격변화율}} \right| = \left| \dfrac{-3\%}{2\%} \right| = 1.5$

오피스텔에 대한 수요의 가격탄력성이 1.5일 때, 오피스텔 가격이 2% 인상되면 오피스텔 수요량은 3% 감소한다.

03 다음 중 (　　) 안이 올바르게 묶인 것은? (다만, 중간점을 이용하여 계산한 탄력성임) •20회

> 사무실의 월임대료가 9만원에서 11만원으로 상승할 때 사무실의 수요량이 108m²에서 92m²로 감소했다.
> 이때 수요의 가격탄력성은 (A)이며, 이 수요탄력성을 (B)이라고 할 수 있다.

	A	B			A	B
①	0.9	탄력적		②	1.0	단위탄력적
③	0.8	비탄력적		④	1.1	비탄력적
⑤	1.2	탄력적				

| 해설 |

$$수요의\ 가격탄력성 = \left| \frac{\dfrac{-16}{108+92}}{\dfrac{2}{9+11}} \right| = \left| \frac{\dfrac{-16}{200}}{\dfrac{2}{20}} \right| = \left| \frac{-0.08}{0.1} \right| = 0.8$$

수요의 가격탄력성이 0.8이므로 비탄력적이라고 할 수 있다.

04 소득이 10% 증가하여 어떤 부동산의 수요가 5% 감소하였다면 수요의 소득탄력성은 얼마이고 어떤 재화인가?

① 0.5, 정상재　　　　　　　　　② −0.5, 열등재
③ 2, 정상재　　　　　　　　　　④ −2, 열등재
⑤ −2, 중간재

| 해설 |

$$수요의\ 소득탄력성 = \frac{수요량변화율}{소득변화율} = \frac{-5\%}{10\%} = -0.5$$

따라서 수요의 소득탄력성이 음(−)의 값을 가지므로 열등재이다.

> 주택시장이 서로 대체관계에 있는 아파트와 단독주택으로 구성되어 있으며, 아파트 가격에 대한 단독주택 수요의 교차탄력성은 0.8이라고 가정하자. 아파트 가격이 1,600만원에서 2,000만원으로 상승한다면, 단독주택의 수요량은 1,200세대에서 (　　)세대로 증가할 것이다(단, 탄력성 계산 시 기준가격과 수요량은 최초의 값으로 한다).

① 1,280　　　　　　　　　　　　② 1,380
③ 1,440　　　　　　　　　　　　④ 1,600
⑤ 1,860

| 해설 |

아파트(X) 가격에 대한 단독주택(Y) 수요의 교차탄력성은 다음과 같다.

$$= \frac{\text{단독주택 수요량변화율}}{\text{아파트 가격변화율}} = \frac{\dfrac{\Delta Q_Y}{1,200}}{\dfrac{400}{1,600}} = \frac{\dfrac{\Delta Q_Y}{1,200}}{25\%} = 0.8$$

$$\therefore \frac{\Delta Q_Y}{1,200} = 20\%$$

$$\therefore \Delta Q_Y = 240$$

따라서 단독주택의 수요량은 원래의 1,200세대에서 240세대가 증가한 1,440세대가 된다.

06 수요의 가격탄력성과 기업의 총수입을 구하는 문제

대표 문제

오피스텔 분양 수요함수가 $Q_d = 600 - \dfrac{3}{2}P$로 주어져 있다. 이 경우 사업시행자가 분양수입을

극대화하기 위한 오피스텔 분양가격은? (단, P는 분양가격이고 단위는 만원/m², Q_d는 수요량이고
단위는 m², X축은 수량, Y축은 가격이며, 주어진 조건에 한함) • 31회

① 180만원/m²
② 190만원/m²
③ 200만원/m²
④ 210만원/m²
⑤ 220만원/m²

| 해설 |

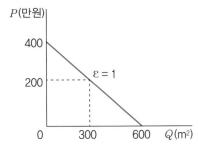

문제에서 주어진 수요함수는 우하향의 선분인 수요곡선($Q_d = 600 - \dfrac{3}{2}P$)이므로 사업시행자의 분양수입은 수
요의 가격탄력성이 1일 때 극대화가 된다. 분양수입을 극대화하기 위해서는 우하향의 선분인 수요곡선상의 한
가운데 점, 즉 수요의 가격탄력성이 1인 점에서 가격을 설정해야 한다.

문제에서 주어진 수요함수를 P에 대해 정리하면, $P = 400 - \dfrac{2}{3}Q_d$이다.

따라서 사업시행자가 분양수입을 극대화하려면 가격을 200만원/m²로 설정해야 한다.

| 정답 | ③

방's KEY POINT

기업의 총수입 = 가격 × 수요량

01 임대용 부동산의 수요함수가 $Q_d = 10 - 2P$로 주어져 있다. 이 경우 임대사업자의 임대료 총수입을 극대화하기 위한 임대용 부동산의 임대료는? (단, P는 임대료이고 단위는 만원/m², Q_d는 수요량이고 단위는 m², X축은 수량, Y축은 임대료이며, 주어진 조건에 한함)

① 1만원/m²
② 1.5만원/m²
③ 2만원/m²
④ 2.5만원/m²
⑤ 5만원/m²

| 해설 |

문제에서 주어진 수요함수는 우하향의 선분인 수요곡선($Q_d = 10 - 2P$)이다. 그런데 임대료 총수입을 극대화하기 위해서는 우하향의 선분인 수요곡선상의 한가운데 점, 즉 수요의 가격탄력성이 1인 점에서 임대료를 설정해야 한다.

가격절편을 쉽게 구하기 위해 문제에서 주어진 수요함수를 P에 대해 정리하면, $2P = 10 - Q_d$, $P - 5 - \frac{1}{2}Q_d$ 이다.

이때 $Q = 0$이 되는 가격은 5이며, 5는 가격절편이 된다.

우하향의 선분인 수요곡선상의 한가운데 점에서의 가격은 가격절편 5의 절반이 되는 2.5이다.

따라서 임대사업자가 임대료 총수입을 극대화하려면 임대료를 2.5만원으로 설정해야 한다.

02 임대용 부동산의 수요함수가 $Q_d = 400 - \dfrac{2}{3}P$로 주어져 있다. 이 경우 임대사업자의 임대료 총

수입을 극대화하기 위한 임대용 부동산의 임대료는? (단, P는 임대료이고 단위는 만원/m², Q_d는

수요량이고 단위는 m², X축은 수량, Y축은 임대료이며, 주어진 조건에 한함)

① 200만원/m² ② 300만원/m²
③ 350만원/m² ④ 400만원/m²
⑤ 500만원/m²

 해설

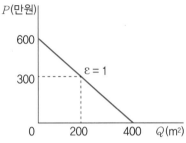

문제에서 주어진 수요함수는 우하향의 선분인 수요곡선($Q_d = 400 - \dfrac{2}{3}P$)이다. 그런데 우하향의 선분인 수요

곡선인 경우 임대사업자의 임대료 총수입은 수요의 가격탄력성이 1일 때 극대화된다. 따라서 임대료 총수입을 극대화하기 위해서는 우하향의 선분인 수요곡선상의 한 가운데 점, 즉 수요의 가격탄력성이 1인 점에서 임대료를 설정해야 한다.

문제에서 주어진 수요함수를 P에 대해 정리하면, $P = 600 - \dfrac{3}{2}Q_d$이다.

따라서 임대사업자가 임대료 총수입을 극대화하려면 임대료를 300만원으로 설정해야 한다.

07 수요의 가격탄력성과 수요의 소득탄력성 연결문제

대표 문제

아파트 공간에 대한 수요의 임대료탄력성은 0.8이고, 소득탄력성은 0.5이다. 아파트 임대료가 10% 상승하였음에도 아파트 수요량은 2% 증가하였다. 그렇다면 소득은 얼마나 변하였을까?

(단, 임대료와 소득 이외에는 다른 변화가 없다고 가정한다)   • 18회

① 8% 증가   ② 12% 증가
③ 16% 증가   ④ 20% 증가
⑤ 24% 증가

| 해설 |

수요의 임대료탄력성 $= \left| \dfrac{\text{수요량변화율}}{\text{임대료변화율}} \right| = \left| \dfrac{-8\%}{10\%} \right| = 0.8$ 이므로 임대료가 10% 상승하면 수요량은 8% 감소한다.

그런데 수요량이 2% 증가했다는 것은 소득 증가에 따른 수요량 증가가 10%라는 의미이다.

따라서 수요의 소득탄력성 $= \dfrac{\text{수요량변화율}}{\text{소득변화율}} = \dfrac{10\%}{x\%} = 0.5$ 이므로 소득의 증가율(x) = 20%이다.

즉, 수요량이 10% 증가하기 위해서는 소득이 20% 증가해야 한다.

| 정답 | ④

방's KEY POINT

수요의 가격탄력성 $= \left| \dfrac{\text{수요량변화율}}{\text{가격변화율}} \right|$

수요의 소득탄력성 $= \dfrac{\text{수요량변화율}}{\text{소득변화율}}$

필기 노트

01 어느 지역의 오피스텔에 대한 수요의 가격탄력성은 0.6이고 소득탄력성은 0.5이다. 오피스텔 가격이 5% 상승함과 동시에 소득이 변하여 전체 수요량이 1% 감소하였다면, 이때 소득의 변화율은? (단, 오피스텔은 정상재이고, 수요의 가격탄력성은 절댓값으로 나타내며, 다른 조건은 동일함)

• 29회

① 1% 증가   ② 2% 증가
③ 3% 증가   ④ 4% 증가
⑤ 5% 증가

| 해설 |

수요의 가격탄력성 $= \left| \dfrac{수요량변화율}{가격변화율} \right| = \left| \dfrac{-3\%}{5\%} \right| = 0.6$이므로 가격이 5% 상승하면 수요량은 3% 감소한다.

그런데 전체 수요량이 1% 감소했다는 것은 소득 증가에 따른 수요량 증가가 2%라는 의미이다.

따라서 수요의 소득탄력성 $= \dfrac{수요량변화율}{소득변화율} = \dfrac{2\%}{x\%} = 0.5$이므로 소득의 증가율$(x) = 4\%$이다.

즉, 수요량이 2% 증가하기 위해서는 소득이 4% 증가해야 한다.

02 A부동산에 대한 수요의 가격탄력성과 소득탄력성이 각각 0.9와 0.5이다. A부동산 가격이 2% 상승하고 소득이 4% 증가할 경우, A부동산 수요량의 전체 변화율(%)은? (단, A부동산은 정상재이고, 가격탄력성은 절댓값으로 나타내며, 다른 조건은 동일함)

• 24회

① 0.2   ② 1.4
③ 1.8   ④ 2.5
⑤ 3.8

| 해설 |

A부동산에 대한 수요의 가격탄력성 $= \left| \dfrac{A부동산\ 수요량변화율}{A부동산\ 가격변화율} \right| = \left| \dfrac{-x\%}{2\%} \right| = 0.9$이므로 A부동산가격이 2% 상승하면 수요량은 1.8% 감소한다.

그런데 A부동산은 정상재이며, 수요의 소득탄력성 $= \dfrac{수요량변화율}{소득변화율} = \dfrac{x\%}{4\%} = 0.5$이므로 소득이 4% 증가하면 수요량은 2% 증가한다.

따라서 수요의 가격탄력성과 관련하여 수요량은 1.8% 감소하고, 수요의 소득탄력성과 관련하여 수요량은 2% 증가하므로 수요량은 전체적으로 0.2만큼 증가한다.

| 정답 | 01 ④ 02 ①

08 수요의 가격탄력성과 수요의 교차탄력성 연결문제

대표 문제

A지역 소형아파트 수요의 가격탄력성은 0.9이고, 오피스텔 가격에 대한 소형아파트 수요의 교차탄력성은 0.5이다. A지역 소형아파트 가격이 2% 상승하고 동시에 A지역 오피스텔 가격이 5% 상승할 때, A지역 소형아파트 수요량의 전체 변화율은? (단, 소형아파트와 오피스텔은 모두 정상재로서 서로 대체적인 관계이고, 수요의 가격탄력성은 절댓값으로 나타내며, 다른 조건은 동일함)

• 35회

① 0.7%　　　　　　　　　　② 1.8%

③ 2.5%　　　　　　　　　　④ 3.5%

⑤ 4.3%

| 해설 |

A지역 소형아파트 수요의 가격탄력성 $= \left| \dfrac{\text{A지역 소형아파트 수요량변화율}}{\text{A지역 소형아파트 가격변화율}} \right| = \left| \dfrac{-x\%}{2\%} \right| = 0.9$ 이므로 A지역 소형아파트 가격이 2% 상승하면 수요량은 1.8% 감소한다.

그런데 오피스텔 가격에 대한 소형아파트 수요의 교차탄력성 $= \dfrac{\text{A지역 소형아파트 수요량변화율}}{\text{A지역 오피스텔 가격변화율}} = \dfrac{x\%}{5\%} = 0.5$ 이므로 A지역 오피스텔 가격이 5% 증가하면 소형아파트의 수요량은 2.5% 증가한다.

따라서 A지역 소형아파트 수요이 가격탄력성과 관련하여 수요량은 1.8% 감소하고, 오피스텔 가격에 대한 소형아파트 수요의 교차탄력성과 관련하여 수요량은 2.5% 증가하므로 수요량은 전체적으로 0.7%만큼 증가한다.

| 정답 | ①

필기 노트

01 아파트에 대한 수요의 가격탄력성이 0.5이고, 대체재인 단독주택에 대한 교차탄력성은 2이다. 이 때 아파트 가격이 10% 상승하였음에도 불구하고 아파트 수요가 5% 증가하였다면, 단독주택 가격은 얼마만큼 상승하였는가? (아파트 가격과 단독주택 가격 이외에는 변화되지 않았다고 가정한다)

① 5% ② 10%
③ 15% ④ 20%
⑤ 25%

| 해설 |

아파트 수요의 가격탄력성 $= \left| \dfrac{\text{아파트 수요량변화율}}{\text{아파트 가격변화율}} \right| = \left| \dfrac{-x\%}{10\%} \right| = 0.5$이므로 아파트 가격이 10% 상승하면 아파트 수요량은 5% 감소한다.

그런데 아파트 가격이 10% 상승하였음에도 불구하고 아파트의 수요량이 5% 증가한다면 단독주택에 대한 아파트 수요의 교차탄력성에서 단독주택 가격 상승에 따른 아파트의 수요량 증가는 10%라는 의미이다. 단독주택과 아파트는 대체관계이므로 단독주택 가격이 상승하면 아파트의 수요량은 증가하기 때문이다.

따라서 아파트 수요의 단독주택 가격에 대한 교차탄력성 $= \dfrac{\text{아파트 수요량변화율}}{\text{단독주택 가격변화율}} = \dfrac{10\%}{x\%} = 2$이므로 단독주택 가격변화율($x$)은 5%이다. 즉, 아파트 수요의 단독주택 가격에 대한 교차탄력성이 2인데, 아파트의 수요량이 10% 증가하기 위해서는 단독주택 가격이 5% 상승해야 한다.

02 아파트 수요의 가격탄력성은 0.8이며 아파트 수요의 단독주택 가격에 대한 교차탄력성은 1.6이라고 한다. 그런데 아파트 가격이 10% 상승하였으나 아파트 수요량이 종전과 같은 수준으로 유지되고 있다면 단독주택 가격은 얼마나 변동하였는가? (단, 단독주택 가격 변동에 따른 단독주택 수요량 변동은 고려하지 않기로 함)

① 10% 상승 ② 5% 상승
③ 5% 하락 ④ 2.5% 상승
⑤ 2.5% 하락

| 해설 |

아파트 수요의 가격탄력성 $= \left| \dfrac{\text{아파트 수요량변화율}}{\text{아파트 가격변화율}} \right| = \left| \dfrac{-8\%}{10\%} \right| = 0.8$이므로 아파트 가격이 10% 상승하면 아파트 수요량은 8% 감소한다. 그런데 아파트의 수요량이 이전과 같다면 단독주택 가격 상승에 따른 아파트 수요량 증가가 8%라는 의미이다.

따라서 아파트 수요의 단독주택 가격에 대한 교차탄력성 $= \dfrac{\text{아파트 수요량변화율}}{\text{단독주택 가격변화율}} = \dfrac{8\%}{x\%} = 1.6$이므로 단독주택 가격변화율($x$)은 5%이다. 즉, 아파트의 수요량이 이전과 같기 위해서는 단독주택 가격이 5% 상승해야 한다.

| 정답 | 01 ① 02 ②

09 수요의 소득탄력성과 수요의 교차탄력성 연결문제

대표 문제

다음 아파트에 대한 다세대주택 수요의 교차탄력성은? (단, 주어진 조건에 한함) • 28회

• 가구소득이 10% 상승하고 아파트 가격은 5% 상승했을 때, 다세대주택 수요는 8% 증가
• 다세대주택 수요의 소득탄력성은 0.6이며, 다세대주택과 아파트는 대체관계임

① 0.1   ② 0.2
③ 0.3   ④ 0.4
⑤ 0.5

| 해설 |

수요의 소득탄력성 $= \dfrac{수요량변화율}{소득변화율} = \dfrac{x\%}{10\%} = 0.6$이므로 소득이 10% 상승하면 다세대주택 수요량은 6% 상승한다.

그런데 다세대주택의 수요량이 8% 증가한다면 아파트에 대한 다세대주택 수요의 교차탄력성에서 아파트 가격 상승에 따른 다세대주택의 수요량 증가는 2%라는 의미이다. 다세대주택과 아파트는 대체관계이므로 아파트 가격이 상승하면 다세대주택의 수요량은 증가하기 때문이다.

그런데 아파트 가격이 5% 상승했다고 하였으므로 아파트에 대한 다세대주택 수요의 교차탄력성은 $\dfrac{다세대주택\ 수요량변화율}{아파트\ 가격변화율} = \dfrac{2\%}{5\%}$ 이므로 아파트에 대한 다세대주택 수요의 교차탄력성은 0.4이다.

| 정답 | ④

방's KEY POINT

수요의 소득탄력성 $= \dfrac{수요량변화율}{소득변화율}$,   수요의 교차탄력성 $= \dfrac{Y재\ 수요량변화율}{X재\ 가격변화율}$

필기 노트 ....

01 다음과 같이 주어진 자료에 의할 때 소형아파트에 대한 주거용 오피스텔 수요의 교차탄력성은?
(단, 다른 모든 조건은 일정하며, 주어진 조건에 한함)

> • 가구소득이 5% 상승하고 소형아파트 가격은 6% 상승했을 때, 주거용 오피스텔의 수요는 7% 증가
> • 주거용 오피스텔 수요의 소득탄력성은 0.8이며, 주거용 오피스텔과 소형아파트는 대체관계임

① 0.1   ② 0.2

③ 0.3   ④ 0.4

⑤ 0.5

| 해설 |

주거용 오피스텔 수요의 소득탄력성 = $\dfrac{수요량변화율}{소득변화율}$ = $\dfrac{x\%}{5\%}$ = 0.8이므로 소득이 5% 상승하면 주거용 오피스텔 수요량은 4% 증가한다.

그런데 주거용 오피스텔의 수요량이 7% 증가한다고 했으므로 소형아파트에 대한 주거용 오피스텔 수요의 교차탄력성에서 소형아파트 가격 상승에 따른 주거용 오피스텔의 수요량 증가는 3%라는 의미이다. 주거용 오피스텔과 소형아파트는 대체관계이므로 소형아파트 가격이 상승하면 주거용 오피스텔의 수요량은 증가하기 때문이다.

그런데 소형아파트 가격이 6% 상승했다고 하였으므로 소형아파트에 대한 주거용 오피스텔 수요의 교차탄력성 = $\dfrac{주거용\ 오피스텔\ 수요량변화율}{소형아파트\ 가격변화율}$ = $\dfrac{3\%}{6\%}$ 이므로 소형아파트에 대한 주거용 오피스텔 수요의 교차탄력성은 0.5이다.

10 수요의 가격탄력성, 소득탄력성, 교차탄력성 연결문제

대표 문제

오피스텔시장에서 수요의 가격탄력성은 0.5이고, 오피스텔의 대체재인 아파트 가격에 대한 오피스텔 수요의 교차탄력성은 0.3이다. 오피스텔 가격, 오피스텔 수요자의 소득, 아파트 가격이 각각 5%씩 상승함에 따른 오피스텔 전체 수요량의 변화율이 1%라고 하면, 오피스텔 수요의 소득탄력성은? (단, 오피스텔과 아파트 모두 정상재이고, 수요의 가격탄력성은 절댓값으로 나타나며, 다른 조건은 동일함) •33회

① 0.2
② 0.4
③ 0.6
④ 0.8
⑤ 1.0

| 해설 |

오피스텔 수요의 가격탄력성 $= \left| \dfrac{\text{수요량변화율}}{\text{가격변화율}} \right| = \left| \dfrac{-2.5\%}{5\%} \right| = 0.50$이므로 가격이 5% 상승하면 오피스텔 수요량은 2.5% 감소한다.

그런데 아파트 가격이 5% 증가한다고 했으므로

아파트 가격에 대한 오피스텔 수요의 교차탄력성 $= \dfrac{\text{오피스텔 수요량변화율}}{\text{아파트 가격변화율}} = \dfrac{1.5\%}{5\%} = 0.3$이므로 오피스텔 수요량은 1.5% 증가한다. 그러므로 오피스텔의 전체 수요량이 1% 증가하려면 소득탄력성에서 오피스텔의 수요량은 2% 증가해야 한다.

그런데 오피스텔 수요자의 소득이 5% 증가한다고 했으므로

오피스텔 수요의 소득탄력성 $= \dfrac{\text{수요량변화율}}{\text{소득변화율}} = \dfrac{2\%}{5\%} = 0.4$가 된다.

| 정답 | ②

방's KEY POINT

수요의 가격탄력성 $= \left| \dfrac{\text{수요량변화율}}{\text{가격변화율}} \right|$

수요의 소득탄력성 $= \dfrac{\text{수요량변화율}}{\text{소득변화율}}$

수요의 교차탄력성 $= \dfrac{\text{Y재 수요량변화율}}{\text{X재 가격변화율}}$

01 오피스텔 시장에서 수요의 가격탄력성은 0.6이고, 오피스텔의 대체재인 아파트 가격에 대한 오피스텔 수요의 교차탄력성은 0.8이다. 오피스텔 가격, 오피스텔 수요자의 소득, 아파트 가격이 각각 5%씩 상승함에 따른 오피스텔 전체 수요량의 변화율이 2%라고 하면, 오피스텔 수요의 소득탄력성은? (단, 오피스텔과 아파트 모두 정상재이고, 수요의 가격탄력성은 절댓값으로 나타나며, 다른 조건은 동일함)

① 0.2   ② 0.4

③ 0.6   ④ 0.8

⑤ 1.0

| 해설 |

1. 오피스텔 수요의 가격탄력성 $= \left| \dfrac{\text{수요량변화율}}{\text{가격변화율}} \right| = \left| \dfrac{-3\%}{5\%} \right| = 0.6$이므로 가격이 5% 상승하면 오피스텔 수요량은 3% 감소한다.

2. 아파트 가격이 5% 증가한다고 했으므로

   아파트 가격에 대한 오피스텔 수요의 교차탄력성 $= \dfrac{\text{오피스텔 수요량변화율}}{\text{아파트 가격변화율}} = \dfrac{4\%}{5\%} = 0.80$이므로 오피스텔 수요량은 4% 증가한다.

3. 그러므로 오피스텔의 전체 수요량이 2% 증가하려면 소득탄력성에서 오피스텔의 수요량은 1% 증가해야 한다.

4. 소득이 5% 증가한다고 했으므로

   오피스텔 수요의 소득탄력성 $= \dfrac{\text{수요량변화율}}{\text{소득변화율}} = \dfrac{1\%}{5\%} = 0.2$가 된다.

02 아파트에 대한 수요의 가격탄력성은 0.6, 소득탄력성은 0.4이고, 오피스텔 가격에 대한 아파트 수요량의 교차탄력성은 0.2이다. 아파트 가격, 아파트 수요자의 소득, 오피스텔 가격이 각각 3%씩 상승할 때, 아파트 전체 수요량의 변화율은? (단, 두 부동산은 모두 정상재이고 서로 대체재이며, 아파트에 대한 수요의 가격탄력성은 절댓값으로 나타내며, 다른 조건은 동일함)   • 30회

① 1.2% 감소   ② 1.8% 증가
③ 2.4% 감소   ④ 3.6% 증가
⑤ 변화 없음

| 해설 |

1. 아파트에 대한 수요의 가격탄력성 $= \left| \dfrac{\text{아파트 수요량변화율}}{\text{아파트 가격변화율}} \right| = \left| \dfrac{-x\%}{3\%} \right| = 0.6$ 이므로 아파트 가격이 3% 상승하면 아파트 수요량은 1.8% 감소한다.

2. 아파트 수요의 소득탄력성 $= \dfrac{\text{아파트 수요량변화율}}{\text{소득변화율}} = \dfrac{x\%}{3\%} = 0.4$ 이므로 소득이 3% 증가하면 아파트 수요량은 1.2% 증가한다.

3. 오피스텔 가격에 대한 아파트 수요의 교차탄력성 $= \dfrac{\text{아파트 수요량변화율}}{\text{오피스텔 가격변화율}} = \dfrac{x\%}{3\%} = 0.2$ 이므로 오피스텔 가격이 3%씩 상승하면 아파트 수요량은 0.6% 증가한다.

4. 아파트 전체 수요량의 변화율은 $(-1.8\%) + 1.2\% + 0.6\% = 0\%$ 가 되므로 변화가 없다.

03 A부동산에 대한 수요의 가격탄력성은 0.7이며, 소득탄력성은 0.3이라고 한다. 또한 A부동산 수요의 B부동산 가격에 대한 교차탄력성은 0.4라고 한다. 만약 A부동산 가격이 1%, 소득이 2%, B부동산 가격이 2% 각각 상승한다면 A부동산 전체 수요량의 변화율(%)은 얼마인가? (단, 두 부동산은 모두 정상재이고 서로 대체재이며, A부동산에 대한 수요의 가격탄력성은 절댓값으로 나타내며, 다른 조건은 동일함)

① 0.8% 감소　　　　　　　　　　② 0.7% 감소

③ 0.6% 증가　　　　　　　　　　④ 0.7% 증가

⑤ 0.8% 증가

| 해설 |

1. A부동산에 대한 수요의 가격탄력성 $= \left| \dfrac{\text{A부동산 수요량변화율}}{\text{A부동산 가격변화율}} \right| = \left| \dfrac{-x\%}{1\%} \right| = 0.7$이므로 A부동산 가격이 1% 상승하면 수요량은 0.7% 감소한다.

2. A부동산 수요의 소득탄력성 $= \dfrac{\text{수요량변화율}}{\text{소득변화율}} = \dfrac{x\%}{2\%} = 0.3$이므로 소득이 2% 증가하면 수요량은 0.6% 증가한다.

3. A부동산 수요의 B부동산 가격에 대한 교차탄력성 $= \dfrac{\text{A부동산 수요량변화율}}{\text{B부동산 가격변화율}} = \dfrac{x\%}{2\%} = 0.4$이므로 B부동산 가격이 2% 상승하면 수요량은 0.8% 증가한다.

4. A부동산 전체 수요량은 $(-0.7\%) + 0.6\% + 0.8\% = 0.7\%$ 증가한다.

04 아파트 수요의 가격탄력성은 1.2, 아파트 수요의 소득탄력성은 0.6, 아파트 수요의 단독주택 가격에 대한 교차탄력성은 0.8이다. 소비자들의 소득은 5% 증가한다고 하자. 그런데 아파트 가격이 5% 상승할 경우 전체 아파트의 수요량이 1% 감소하려면 단독주택의 가격은 몇 % 상승해야 하는가?

① 2.5%

② 3%

③ 5%

④ 6%

⑤ 10%

| 해설 |

1. 아파트 수요의 가격탄력성 $= \left| \dfrac{\text{아파트 수요량변화율}}{\text{아파트 가격변화율}} \right| = \left| \dfrac{-6\%}{5\%} \right| = 1.2$이므로 아파트 가격이 5% 상승하면 수요량은 6% 감소한다.

2. 소득이 5% 증가한다고 했으므로 수요의 소득탄력성 $= \dfrac{\text{수요량변화율}}{\text{소득변화율}} = \dfrac{3\%}{5\%} = 0.6$이므로 수요량은 3% 증가한다.

3. 따라서 수요의 가격탄력성과 관련하여 가격이 5% 상승하므로 아파트의 수요량은 6% 감소하고, 수요의 소득탄력성과 관련하여 소득이 5% 상승하여 수요량은 3% 증가하므로 수요량은 3%가 감소한다. 그러므로 전체 아파트의 수요량이 1% 감소하려면 단독주택 가격에 대한 교차탄력성에서 수요량은 2%가 증가해야 한다.

   그런데 단독주택 가격에 대한 교차탄력성이 0.8이므로 아파트 수요량이 2% 증가하기 위해서는 아파트 수요의 단독주택 가격에 대한 교차탄력성 $= \dfrac{\text{아파트 수요량변화율}}{\text{단독주택 가격변화율}} = \dfrac{2\%}{x\%} = 0.8$이다. 따라서 단독주택 가격이 2.5% 상승해야 한다.

4. 아파트 수요의 가격탄력성에서 수요량은 −6%, 수요의 소득탄력성에서 수요량은 +3%, 단독주택 가격에 대한 교차탄력성에서 수요량은 +2%이므로 전체 아파트의 수요량은 $(-6\%) + 3\% + 2\% = -1\%$가 되어 1% 감소하게 된다. 따라서 아파트 수요이 단독주택 가격에 대한 교차탄력성에서 단독주택 가격은 2.5%(= 2% ÷ 0.8) 상승해야 된다.

2

부동산시장론

01 개발정보의 현재가치와 초과이윤을 구하는 문제

대표 문제

1년 후 신역사가 들어선다는 정보가 있다. 이 정보의 현재가치는? (단, 제시된 가격은 개발정보의 실현 여부에 의해 발생하는 가격 차이만을 반영하고, 주어진 조건에 한함) •25회

- 역세권 인근에 일단의 토지가 있다.
- 역세권개발계획에 따라 1년 후 신역사가 들어설 가능성은 40%로 알려져 있다.
- 이 토지의 1년 후 예상가격은 신역사가 들어서는 경우 8억 8천만원, 들어서지 않는 경우 6억 6천만원이다.
- 투자자의 요구수익률은 연 10%다.

① 1억원
② 1억 1천만원
③ 1억 2천만원
④ 1억 3천만원
⑤ 1억 4천만원

| 해설 |

1. 1년 후 신역사가 들어설 경우의 기댓값의 현재가치(불확실성하의 현재가치)

$$= \frac{(8억 \ 8천만원 \times 0.4) + (6억 \ 6천만원 \times 0.6)}{1 + 0.1} = 6억 \ 8천만원$$

2. 1년 후 신역사가 들어서는 것이 확실할 경우 토지의 현재가치

$$= \frac{8억 \ 8천만원}{1 + 0.1} = 8억원$$

3. 정보의 현재가치 = 확실성하의 현재가치 − 불확실성하의 현재가치
= 8억원 − 6억 8천만원 = 1억 2천만원

| 정답 | ③

방's KEY POINT

1. 투자수익의 기댓값의 현재가치(불확실성하의 현재가치) = $\dfrac{투자수익의 \ 기댓값}{1 + 요구수익률}$

2. 정보의 현재가치 = 확실성하의 현재가치 − 불확실성하의 현재가치

3. 초과이윤 = 정보가치 − 정보비용

유형익히기 문제

01 **다음과 같이 주어진 조건하에서 개발정보의 현재가치는 얼마인가?** (단, 제시된 가격은 개발정보의 실현 여부에 의해 발생하는 가격 차이만을 반영하였음)

- 기업도시로 개발될 가능성이 있는 지역의 인근에 일단의 토지가 있다.
- 1년 후 토지가격은 기업도시로 개발될 경우 60,000,000원, 기업도시로 개발되지 않을 경우에는 40,000,000원이 될 것으로 예상된다.
- 투자자의 요구수익률은 20%이고, 기업도시로의 개발 가능성은 40%이다.

① 6,700,000원   ② 10,000,000원

③ 13,000,000원   ④ 17,000,000원

⑤ 20,000,000원

| 해설 |

1. 1년 후 기업도시가 들어설 경우의 기댓값의 현재가치(불확실성하의 현재가치)

$$= \frac{(6,000만원 \times 0.4) + (4,000만원 \times 0.6)}{1+0.2} = 4,000만원$$

2. 1년 후 기업도시가 들어서는 것이 확실할 경우 토지의 현재가치

$$= \frac{6,000만원}{1+0.2} = 5,000만원$$

3. 정보의 현재가치 = 확실성하의 현재가치 − 불확실성하의 현재가치
   = 5,000만원 − 4,000만원 = 1,000만원

02 지하철 역사가 개발된다는 다음과 같은 정보가 있을 때, 합리적인 투자자가 최대한 지불할 수 있는 이 정보의 현재가치는? (단, 주어진 조건에 한함) • 35회

- 지하철 역사 개발예정지 인근에 A토지가 있다.
- 1년 후 지하철 역사가 개발될 가능성은 60%로 알려져 있다.
- 1년 후 지하철 역사가 개발되면 A토지의 가격은 14억 3천만원, 개발되지 않으면 8억 8천만원으로 예상된다.
- 투자자의 요구수익률(할인율)은 연 10%다.

① 1억 6천만원   ② 1억 8천만원
③ 2억원   ④ 2억 2천만원
⑤ 2억 4천만원

| 해설 |

1. 1년 후 지하철 역사가 들어설 경우의 기댓값의 현재가치(불확실성하의 현재가치)

$$= \frac{(14억\ 3천만원 \times 0.6) + (8억\ 8천만원 \times 0.4)}{1 + 0.1} = 11억원$$

2. 1년 후 지하철 역사가 들어서는 것이 확실할 경우 토지의 현재가치

$$= \frac{14억\ 3천만원}{1 + 0.1} = 13억원$$

3. 정보의 현재가치 = 확실성하의 현재가치 − 불확실성하의 현재가치
= 13억원 − 11억원 = 2억원

03 복합쇼핑몰 개발사업이 진행된다는 정보가 있다. 다음과 같이 주어진 조건하에서 합리적인 투자자가 최대한 지불할 수 있는 이 정보의 현재가치는? (단, 주어진 조건에 한함) • 29회

- 복합쇼핑몰 개발예정지 인근에 일단의 A토지가 있다.
- 2년 후 도심에 복합쇼핑몰이 개발될 가능성은 50%로 알려져 있다.
- 2년 후 도심에 복합쇼핑몰이 개발되면 A토지의 가격은 6억 500만원, 개발되지 않으면 3억 250만원으로 예상된다.
- 투자자의 요구수익률(할인율)은 연 10%이다.

① 1억 500만원
② 1억 1,000만원
③ 1억 1,500만원
④ 1억 2,000만원
⑤ 1억 2,500만원

| 해설 |

1. 2년 후 기댓값의 현재가치

$$= \frac{(6억 500만원 \times 0.5) + (3억 250만원 \times 0.5)}{(1 + 0.1)^2} = 3억 7,500만원$$

2. 2년 후 복합쇼핑몰이 개발될 경우 현재가치

$$= \frac{6억 500만원}{(1 + 0.1)^2} = 5억원$$

3. 2년 후 복합쇼핑몰의 개발이 확실할 경우의 정보의 현재가치
= 5억원 - 3억 7,500만원 = 1억 2,500만원

04 대형마트가 개발된다는 다음과 같은 정보가 있을 때 합리적인 투자자가 최대한 지불할 수 있는 이 정보의 현재가치는? (단, 주어진 조건에 한함) • 33회

> • 대형마트 개발예정지 인근에 일단의 A토지가 있다.
> • 2년 후 대형마트가 개발될 가능성은 45%로 알려져 있다.
> • 2년 후 대형마트가 개발되면 A토지의 가격은 12억 1,000만원, 개발되지 않으면 4억 8,400만원으로 예상된다.
> • 투자자의 요구수익률(할인율)은 연 10%이다.

① 3억 1,000만원   ② 3억 2,000만원
③ 3억 3,000만원   ④ 3억 4,000만원
⑤ 3억 5,000만원

| 해설 |

1. 2년 후 기댓값의 현재가치

$$= \frac{(12억\ 1,000만원 \times 0.45) + (4억\ 8,400만원 \times 0.55)}{(1 + 0.1)^2} = 6억\ 7,000만원$$

2. 2년 후 대형마트가 개발될 경우 현재가치

$$= \frac{12억\ 1,000만원}{(1 + 0.1)^2} = 10억원$$

3. 2년 후 대형마트의 개발이 확실할 경우 정보의 현재가치
   = 10억원 − 6억 7,000만원 = 3억 3,000만원

02 위치지대설에서 위치지대(이윤)를 구하는 문제

대표 문제

다음 표는 쌀, 우유, 사과 세 가지 상품의 1,000m² 당 연간 산출물의 시장가격, 생산비용, 교통 비용을 나타낸다. 상품의 생산지와 소비되는 도시까지의 거리가 19km인 지점에서도 이윤을 얻을 수 있는 상품(들)은? (다만, 다른 조건은 동일하고, 모든 제품은 같은 지점에 있는 도시에 판매한다고 가정함)

•21회

(단위: 만원)

제품	시장가격	생산비용	교통비용(1km 당)
쌀	150	70	5
우유	200	100	4
사과	250	130	6

① 쌀
② 우유, 사과
③ 쌀, 우유
④ 쌀, 사과
⑤ 쌀, 우유, 사과

| 해설 |

지대 = 생산물가격 − 생산비 − 수송비 = 생산물가격 − 생산비 − (단위당 수송비 × 거리)

식에 대입해보면 다음과 같다.

제품	시장가격	−	생산비용	−	교통비용	=	이윤
쌀	150	−	70	−	(5 × 19)	=	−15
우유	200	−	100	−	(4 × 19)	=	24
사과	250	−	130	−	(6 × 19)	=	6

따라서 상품의 생산지와 소비되는 도시까지의 거리가 19km인 지점에서도 이윤을 얻을 수 있는 상품은 우유와 사과이다.

| 정답 | ②

방's KEY POINT

지대 = 생산물가격 − 생산비 − 수송비
   = 생산물가격 − 생산비 − (단위당 수송비 × 거리)

01 다음 표는 A, B, C 세 가지 상품의 1,000m² 당 연간 산출물의 시장가격, 생산비용, 교통비용을 나타낸다. 상품의 생산지와 소비되는 도시까지의 거리가 20km인 지점에서도 이윤을 얻을 수 있는 상품(들)은? (다만, 다른 조건은 동일하고, 모든 제품은 같은 지점에 있는 도시에 판매한다고 가정함)

(단위: 만원)

제품	시장가격	생산비용	교통비용(1km 당)
A	150	70	5
B	200	100	4
C	300	150	6

① A
② B, C
③ A, B
④ A, C
⑤ A, B, C

| 해설 |

제품	생산물가격	−	생산비	−	수송비	=	이윤
A	150	−	70	−	5 × 20	=	−20
B	200	−	100	−	4 × 20	=	20
C	300	−	150	−	6 × 20	=	30

따라서 20km인 지점에서도 이윤을 얻을 수 있는 상품은 B, C이다.

03 레일리의 소매인력법칙 계산문제

대표 문제

A, B도시 사이에 C도시가 위치한다. 레일리(W. Reilly)의 소매인력법칙을 적용할 경우, C도시에서 A, B도시로 구매활동에 유인되는 인구 규모는? (단, C도시의 인구는 모두 구매자이고, A, B도시에서만 구매하는 것으로 가정하며, 주어진 조건에 한함) •27회

- A도시 인구 수: 400,000명
- B도시 인구 수: 100,000명
- C도시 인구 수: 50,000명
- C도시와 A도시 간의 거리: 10km
- C도시와 B도시 간의 거리: 5km

① A: 15,000명, B: 35,000명
② A: 20,000명, B: 30,000명
③ A: 25,000명, B: 25,000명
④ A: 30,000명, B: 20,000명
⑤ A: 35,000명, B: 15,000명

| 해설 |

레일리의 B도시에 대한 A도시의 구매지향비율$\left(\dfrac{B_A}{B_B}\right)$은

$\dfrac{B_A}{B_B} = \dfrac{P_A}{P_B} \times \left(\dfrac{D_B}{D_A}\right)^2 = \dfrac{\text{A도시의 인구}}{\text{B도시의 인구}} \times \left(\dfrac{\text{B도시까지의 거리}}{\text{A도시까지의 거리}}\right)^2$ 이므로

$\dfrac{400,000}{100,000} \times \left(\dfrac{5}{10}\right)^2 = 4 \times \dfrac{1}{4} = \dfrac{1}{1}$ 이다.

따라서 도시 A로의 인구유인비율 : 도시 B로의 인구유인비율은 1 : 1이다.
그런데 C도시 인구가 50,000명이므로 A도시 25,000명, B도시 25,000명이 된다.

| 정답 | ③

방's KEY POINT

B도시에 대한 A도시의 구매지향비율$\left(\dfrac{B_A}{B_B}\right) = \dfrac{\text{A도시의 인구}}{\text{B도시의 인구}} \times \left(\dfrac{\text{B도시까지의 거리}}{\text{A도시까지의 거리}}\right)^2$

01 A도시와 B도시 사이에 위치하고 있는 C도시는 A도시로부터 5km, B도시로부터 10km 떨어져 있다. A도시의 인구는 5만명, B도시의 인구는 10만명, C도시의 인구는 3만명이다. 레일리(W. Reilly)의 '소매인력법칙'을 적용할 경우, C도시에서 A도시와 B도시로 구매활동에 유인되는 인구 규모는? (단, C도시의 모든 인구는 A도시와 B도시에서만 구매함)   • 24회

	A도시	B도시
①	5,000명	25,000명
②	10,000명	20,000명
③	15,000명	15,000명
④	20,000명	10,000명
⑤	25,000명	5,000명

| 해설 |

레일리의 B도시에 대한 A도시의 구매지향비율$\left(\dfrac{B_A}{B_B}\right)$은

$$\dfrac{50,000}{100,000} \times \left(\dfrac{10}{5}\right)^2 = \dfrac{1}{2} \times 4 = \dfrac{2}{1}$$ 이다.

따라서 A도시로의 인구유인비율 : B도시로의 인구유인비율은 2 : 1이다.

C도시 인구가 30,000명이므로 A도시 20,000명, B도시 10,000명이 된다.

02 레일리(W. Reilly)의 소매인력법칙을 적용할 경우, 다음과 같은 상황에서 ( )에 들어갈 숫자로 옳은 것은?

• 26회

> • 인구가 1만명인 A시와 5천명인 B시가 있다. A시와 B시 사이에 인구 9천명의 신도시 C가 들어섰다. 신도시 C로부터 A시, B시까지의 직선거리는 각각 1km, 2km이다.
> • 신도시 C의 인구 중 비구매자는 없고 A시, B시에서만 구매활동을 한다고 가정할 때, 신도시 C의 인구 중 A시로의 유인 규모는 (㉠)명이고, B시로의 유인 규모는 (㉡)명이다.

① ㉠: 6,000, ㉡: 3,000
② ㉠: 6,500, ㉡: 2,500
③ ㉠: 7,000, ㉡: 2,000
④ ㉠: 7,500, ㉡: 1,500
⑤ ㉠: 8,000, ㉡: 1,000

| 해설 |

레일리의 B도시에 대한 A도시의 구매지향비율$\left(\dfrac{B_A}{B_B}\right)$은

$\dfrac{10,000}{5,000} \times \left(\dfrac{2}{1}\right)^2 = \dfrac{2}{1} \times 4 = 8$이다.

따라서 A시로의 인구유인비율 : B시로의 인구유인비율은 8 : 1이다.

신도시 C의 인구가 9,000명이므로 A시 8,000명, B시 1,000명이 된다.

03 도시 A와 도시 B 간에 도시 C가 있다. 레일리의 소매인력법칙(Reilly's Law of Retail Gravitation)을 이용하여 도시 C로부터 도시 A와 도시 B로의 인구유인비율을 구하시오.　　　•17회

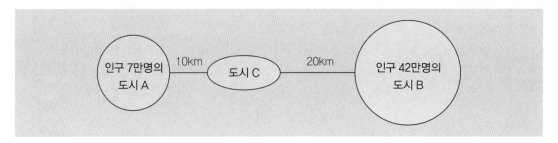

① 도시 A: 33.3%, 도시 B: 66.7%
② 도시 A: 40.0%, 도시 B: 60.0%
③ 도시 A: 50.0%, 도시 B: 50.0%
④ 도시 A: 60.0%, 도시 B: 40.0%
⑤ 도시 A: 66.7%, 도시 B: 33.3%

| 해설 |

레일리의 도시 B에 대한 도시 A의 구매지향비율 $\left(\dfrac{B_A}{B_B}\right)$은

$$\frac{B_A}{B_B} = \frac{P_A}{P_B} \times \left(\frac{D_B}{D_A}\right)^2 = \frac{\text{도시 A의 인구}}{\text{도시 B의 인구}} \times \left(\frac{\text{도시 B까지의 거리}}{\text{도시 A까지의 거리}}\right)^2 \text{이므로}$$

$$\frac{70,000}{420,000} \times \left(\frac{20}{10}\right)^2 = \frac{1}{6} \times 4 = \frac{2}{3} \text{이다.}$$

따라서 도시 A로의 인구유인비율 : 도시 B로의 인구유인비율은 2 : 3이며, 40% : 60%이다.

04 레일리(W. Reilly)의 소매중력모형에 따라 C신도시의 소비자가 A도시와 B도시에서 소비하는 월 추정소비액은 각각 얼마인가? (단, C신도시의 인구는 모두 소비자이고, A, B도시에서만 소비하는 것으로 가정함) •33회

> • A도시 인구: 50,000명, B도시 인구: 32,000명
> • C신도시: A도시와 B도시 사이에 위치
> • A도시와 C신도시 간의 거리: 5km
> • B도시와 C신도시 간의 거리: 2km
> • C신도시 소비자의 잠재 월 추정소비액: 10억원

① A도시: 1억원,　　　B도시: 9억원
② A도시: 1억 5천만원, B도시: 8억 5천만원
③ A도시: 2억원,　　　B도시: 8억원
④ A도시: 2억 5천만원, B도시: 7억 5천만원
⑤ A도시: 3억원,　　　B도시: 7억원

| 해설 |

레일리의 B도시에 대한 A도시의 구매지향비율$\left(\dfrac{B_A}{B_B}\right)$은

$\dfrac{B_A}{B_B} = \dfrac{P_A}{P_B} \times \left(\dfrac{D_B}{D_A}\right)^2 = \dfrac{\text{A도시의 인구}}{\text{B도시의 인구}} \times \left(\dfrac{\text{B도시까지의 거리}}{\text{A도시까지의 거리}}\right)^2$ 이므로

$\dfrac{50,000}{32,000} \times \left(\dfrac{2}{5}\right)^2 = \dfrac{1}{4} = \dfrac{2}{8}$ 이다.

따라서 A도시로의 인구유인비율 : B도시로의 인구유인비율은 2 : 8이다.
그런데 C신도시 소비자의 잠재 월 추정소비액이 10억원이므로 A도시 2억원, B도시 8억원이 된다.

04 허프의 확률적 상권모형 계산문제

C도시 인근에 A와 B 두 개의 할인점이 있다. **허프**(D. L. Huff)**의 상권분석모형을 적용할 경우, B할인점의 이용객 수는?** (단, 거리에 대한 소비자의 거리마찰계수 값은 2이고, 도시인구의 60%가 할인점을 이용함)

• 25회

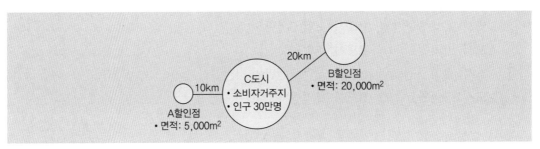

① 70,000명
② 80,000명
③ 90,000명
④ 100,000명
⑤ 110,000명

| 해설 |

1. A할인점 유인력 $= \dfrac{5,000}{10^2} = 50$, B할인점 유인력 $= \dfrac{20,000}{20^2} = 50$

2. B할인점의 시장점유율(%) $= \dfrac{50}{50 + 50} = 0.5(50\%)$

3. B할인점의 이용객 수 $=$ 30만명 $\times 0.6 \times 0.5 = 90,000$명

| 정답 | ③

방's KEY POINT

1. 고객유인력 $= \dfrac{\text{크기}}{\text{거리}^\lambda}$ [크기: 매장면적, λ: 공간(거리)마찰계수]

2. A매장으로 구매하러 갈 확률(시장점유율)

$$= \dfrac{\dfrac{\text{A매장 면적}}{\text{A매장까지의 거리}^\lambda}}{\dfrac{\text{A매장 면적}}{\text{A매장까지의 거리}^\lambda} + \dfrac{\text{B매장 면적}}{\text{B매장까지의 거리}^\lambda}}$$

3. A매장의 이용객 수: 소비자거주지 인구 × A매장의 시장점유율

4. A매장의 예상매출액: 1인당 소비액 × A매장의 이용객 수

01 다음 표는 어느 시장지역 내 거주지 A에서 소비자가 이용하는 쇼핑센터까지의 거리와 규모를 표시한 것이다. 현재 거주지 A지역의 인구가 1,000명이다. 허프(Huff) 모형에 의한다면, 거주지 A에서 쇼핑센터 1의 이용객 수는? (단, 공간마찰계수는 2이고, 소요시간과 거리의 비례는 동일하며, 다른 조건은 불변이라고 가정함)   •23회

구분	쇼핑센터 1	쇼핑센터 2
쇼핑센터의 면적	1,000m²	1,000m²
거주지 A로부터의 시간거리	5분	10분

① 600명   ② 650명
③ 700명   ④ 750명
⑤ 800명

| 해설 |

1. 쇼핑센터 1의 유인력 $= \dfrac{1,000}{5^2} = 40$, 쇼핑센터 2의 유인력 $= \dfrac{1,000}{10^2} = 10$

2. 쇼핑센터 1의 시장점유율(%) $= \dfrac{40}{40+10} = 0.8(80\%)$

3. 쇼핑센터 1의 이용객 수 = 1,000명 × 0.8 = 800명이다.

02 인구 10만명인 도시 인근에 대형할인점이 2개 있다. 다음 자료에 허프(Huff)의 상권분석모형을 적용할 경우, 대형할인점 A의 시장점유율 및 이용객 수는? (단, 공간마찰계수는 2이고, 도시인구의 70%가 대형할인점을 이용한다고 가정함)

구분	대형할인점 A	대형할인점 B
거주지에서 거리	1km	2km
대형할인점 면적	5,000m²	20,000m²

① 50%, 35,000명
② 50%, 50,000명
③ 33%, 33,000명
④ 33%, 23,000명
⑤ 70%, 70,000명

| 해설 |

1. 대형할인점 A의 유인력 = $\dfrac{5,000}{1^2}$ = 5,000, 대형할인점 B의 유인력 = $\dfrac{20,000}{2^2}$ = 5,000

2. 대형할인점 A의 시장점유율(%) = $\dfrac{5,000}{5,000 + 5,000}$ = 0.5(50%)

3. 대형할인점 A의 이용객 수 = 10만명 × 0.7 × 0.5 = 35,000명

03 C도시 인근에 A할인점과 B할인점이 있다. 허프(D. L. Huff)의 상권분석모형을 적용할 경우, A할인점의 이용객 수는 C도시 인구의 몇 %인가? (단, 거리에 대한 소비자의 거리마찰계수는 2이고, C도시 인구 중 60%가 A할인점이나 B할인점을 이용함)

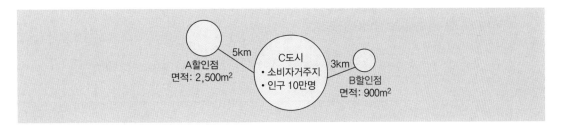

① 10%
② 20%
③ 30%
④ 40%
⑤ 50%

| 해설 |

허프(D. L. Huff)의 상권분석모형에서 거리마찰계수를 2로 적용하여 계산하면 다음과 같다.

1. A할인점의 시장점유율(%) $= \dfrac{\dfrac{2,500}{5^2}}{\dfrac{2,500}{5^2} + \dfrac{900}{3^2}} = 50\%$

2. A할인점의 이용객 수 $= 10$만명 $\times 0.6 \times 0.5 = 30,000$명
   따라서 C도시 인구 10만명 중 30,000명이 A할인점을 이용하므로 30%이다.

04 허프(D. Huff)모형을 활용하여, X지역의 주민이 할인점 A를 방문할 확률과 할인점 A의 월 추정매출액을 순서대로 나열한 것은? (단, 주어진 조건에 한함) • 28회

- X지역의 현재 주민: 4,000명
- 1인당 월 할인점 소비액: 35만원
- 공간마찰계수: 2
- X지역의 주민은 모두 구매자이고, A, B, C 할인점에서만 구매한다고 가정

구분	할인점 A	할인점 B	할인점 C
면적	500m²	300m²	450m²
X지역 거주지로부터의 거리	5km	10km	15km

① 80%, 10억 9,200만원
② 80%, 11억 2,000만원
③ 82%, 11억 4,800만원
④ 82%, 11억 7,600만원
⑤ 82%, 12억 400만원

| 해설 |

1. 할인점 A의 유인력 $= \dfrac{500}{5^2} = 20$, 할인점 B의 유인력 $= \dfrac{300}{10^2} = 3$, 할인점 C의 유인력 $= \dfrac{450}{15^2} = 2$

2. 할인점 A의 시장점유율(%) $= \dfrac{20}{20+3+2} = 0.8(80\%)$

3. 할인점 A의 이용객 수 $= 4,000$명 × $0.8 = 3,200$명

4. 할인점 A의 월 추정매출액 $= 35$만원 × $3,200$명 $= 11$억 $2,000$만원

05 허프(D. Huff)모형을 활용하여 점포 A의 월 매출액을 추정하였는데, 착오에 의해 공간(거리)마찰계수가 잘못 적용된 것을 확인하였다. 올바르게 추정한 점포 A의 월 매출액은 잘못 추정한 점포 A의 월 매출액보다 얼마나 증가하는가? (단, 주어진 조건에 한함) • 34회

• X지역의 현재 주민: 10,000명
• 1인당 월 점포 소비액: 30만원
• 올바른 공간(거리)마찰계수: 2
• 잘못 적용된 공간(거리)마찰계수: 1
• X지역의 주민은 모두 구매자이고, 점포(A, B, C)에서만 구매한다고 가정함
• 각 점포의 매출액은 X지역 주민에 의해서만 창출됨

구분	점포 A	점포 B	점포 C
면적	750m^2	2,500m^2	500m^2
X지역 거주지로부터의 거리	5km	10km	5km

① 1억원 ② 2억원
③ 3억원 ④ 4억원
⑤ 5억원

| 해설 |

1. 마찰계수가 1인 경우(잘못 추정한 경우)

• 점포 A의 유인력 $=\dfrac{750}{5}=150$, 점포 B의 유인력 $=\dfrac{2,500}{10}=250$, 점포 C의 유인력 $=\dfrac{500}{5}=100$

• 점포 A의 시장점유율(%) $=\dfrac{150}{150+250+100}=0.3(30\%)$

• 점포 A의 이용객 수 $=$ 10,000명 $\times$ 0.3 $=$ 3,000명
• 점포 A의 월 추정매출액 $=$ 30만원 $\times$ 3,000명 $=$ 9억원

2. 마찰계수가 2인 경우(올바르게 추정한 경우)

• 점포 A의 유인력 $=\dfrac{750}{5^2}=30$, 점포 B의 유인력 $=\dfrac{2,500}{10^2}=25$, 점포 C의 유인력 $=\dfrac{500}{5^2}=20$

• 점포 A의 시장점유율(%) $=\dfrac{30}{30+25+20}=0.4(40\%)$

• 점포 A의 이용객 수 $=$ 10,000명 $\times$ 0.4 $=$ 4,000명
• 점포 A의 월 추정매출액 $=$ 30만원 $\times$ 4,000명 $=$ 12억원

3. 따라서 올바르게 추정한 점포 A의 월 매출액은 잘못 추정한 점포 A의 월 매출액보다 3억원 증가한다.

05 컨버스의 분기점모형 계산문제

대표 문제

어떤 도시에 쇼핑센터 A, B가 있다. 두 쇼핑센터 간 거리는 8km이다. A의 면적은 1,000m²이고, B의 면적은 9,000m²이다. 컨버스(P. D. Converse)의 분기점모형에 따른 두 쇼핑센터의 상권 경계선은 어디인가? (컨버스의 분기점모형에 따르면, 상권은 거리의 제곱에 반비례하고, 상가의 면적에 비례한다)

• 18회

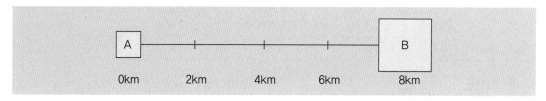

① A로부터 1km 지점   ② A로부터 2km 지점
③ A로부터 4km 지점   ④ A로부터 6km 지점
⑤ A로부터 7km 지점

| 해설 |

$$\text{쇼핑센터 A로부터의 분기점} = \frac{\text{쇼핑센터 A와 B의 거리}}{1 + \sqrt{\dfrac{\text{B의 크기}}{\text{A의 크기}}}}$$

$$= \frac{8}{1 + \sqrt{\dfrac{9,000}{1,000}}} = \frac{8}{1 + \sqrt{9}} = \frac{8}{1 + 3}$$

$$= 2\text{km이다.}$$

| 정답 | ②

방's KEY POINT

$$\text{쇼핑센터 A로부터의 분기점} = \frac{\text{쇼핑센터 A와 B의 거리}}{1 + \sqrt{\dfrac{\text{B의 크기}}{\text{A의 크기}}}}$$

01 컨버스(P. D. Converse)의 분기점모형에 기초할 때, A시와 B시의 상권 경계지점은 A시로부터 얼마만큼 떨어진 지점인가? (단, 주어진 조건에 한함) ·32회

> • A시와 B시는 동일 직선상에 위치하고 있다.
> • A시 인구: 64만명
> • B시 인구: 16만명
> • A시와 B시 사이의 직선거리: 30km

① 5km   ② 10km

③ 15km   ④ 20km

⑤ 25km

| 해설 |

컨버스(P. D. Converse)의 분기점모형에 기초하면,

$$\text{A시로부터의 분기점} = \frac{\text{A와 B의 거리}}{1 + \sqrt{\dfrac{\text{B의 인구}}{\text{A의 인구}}}} \text{이다.}$$

$$\text{따라서 A시로부터의 분기점} = \frac{30}{1 + \sqrt{\dfrac{16만명}{64만명}}} = \frac{30}{1 + \sqrt{\dfrac{1}{4}}} = \frac{30}{1 + \dfrac{1}{2}}$$

$$= 20km\text{이다.}$$

02 컨버스(P. Converse)의 분기점모형에 기초할 때, A시와 B시의 상권 경계지점은 A시로부터 얼마만큼 떨어진 지점인가? (단, 주어진 조건에 한함) •35회

> • A시와 B시는 동일 직선상에 위치
> • A시와 B시 사이의 직선거리: 45km
> • A시 인구: 84만명
> • B시 인구: 21만명

① 15km   ② 20km

③ 25km   ④ 30km

⑤ 35km

| 해설 |

컨버스(P. D. Converse)의 분기점모형에 기초하면,

$$A시로부터의 분기점 = \frac{A와\ B의\ 거리}{1 + \sqrt{\dfrac{B의\ 인구}{A의\ 인구}}}\ 이다.$$

$$따라서\ A시로부터의\ 분기점 = \frac{45}{1 + \sqrt{\dfrac{21만명}{84만명}}}$$

$$= \frac{45}{1 + \sqrt{\dfrac{1}{4}}} = \frac{45}{1 + \dfrac{1}{2}} = \frac{45}{\dfrac{3}{2}}$$

$$= 30km이다.$$

3

부동산정책론

01 임대료규제정책 & 분양가규제정책 함수문제

01 임대료규제정책 & 분양가규제정책 함수문제

대표 문제

임대아파트의 수요함수는 $Q^D = 1,400 - 2P$, 공급함수는 $Q^S = 200 + 4P$ 라고 하자. 이때 정부가 아파트 임대료를 150만원/m²으로 규제했다. 이 규제하에서 시장의 초과수요 또는 초과공급 상황과 그 수량은? [여기서 P는 가격(단위: 만원), Q^D, Q^S는 각각 수요량과 공급량(단위: m²), 다른 조건은 불변이라고 가정]   • 16회

① 초과수요 100m²   ② 초과수요 300m²
③ 초과공급 100m²   ④ 초과공급 200m²
⑤ 초과공급 300m²

| 해설 |

정부가 아파트 임대료를 150만원/m²으로 규제했으므로 $P = 150$을 수요함수와 공급함수에 대입하면 수요량은 $1,400 - (2 \times 150) = 1,100$, 공급량은 $200 + (4 \times 150) = 800$이므로 300m²의 초과수요가 발생한다.

| 정답 | ②

방's KEY POINT

1. **시장(균형)가격보다 낮은 가격으로 설정하는 경우: 효과가 있음**
   • 초과수요 ⇨ 가격 상승압력
   • 단기(비탄력적) ⇨ 초과수요 작다(⇨ 정책효과 크다)
     장기(탄력적) ⇨ 초과수요 크다(⇨ 정책효과 작다)
   • 가격 ⇩, 수요량 ⇧(투기발생), 공급량(장기) ⇩, 품질 ⇩
2. **시장(균형)가격보다 높은 가격으로 설정하는 경우: 아무런 변화 없음**
   • 초과공급 ⇨ ×, 가격 하락압력 ⇨ ×
   • 현재의 균형가격을 그대로 유지함

필기 노트

01 어느 도시의 임대주택에 대한 수요함수는 $Q^D = 200 - P$이고 임대주택에 대한 공급함수는 $Q^S = 2P - 100$이다. 만일 정부가 임대주택의 호당 임대료를 월 90만원으로 통제할 경우, 임대주택의 부족량은 얼마인가? [Q는 임대주택 수(단위: 호), P는 임대주택 호당 월 임대료(단위: 만원), 모든 임대주택은 동일한 양과 질의 주거서비스를 제공한다고 가정] • 18회

① 10호   ② 20호

③ 30호   ④ 40호

⑤ 50호

| 해설 |

정부가 임대주택의 호당 임대료를 90만원으로 통제했으므로 $P = 90$을 수요함수와 공급함수에 대입하면 수요량은 $200 - 90 = 110$, 공급량은 $(2 \times 90) - 100 = 80$이므로 30호의 초과수요가 발생한다.

02 임대주택시장에서 임대아파트에 대한 수요곡선은 $Q_D = 960 - 7P$이며, 공급곡선은 $Q_S = 160 + 3P$라고 한다. 만약 정부가 임대용 아파트의 임대료를 35원으로 규제한다면 초과수요의 크기는? (단, Q_D: 수요량, Q_S: 공급량, P: 임대료)

① 250   ② 350

③ 450   ④ 550

⑤ 650

| 해설 |

균형임대료는 수요량(Q_D)과 공급량(Q_S)이 일치할 때의 임대료이다. 따라서 균형임대료는 $960 - 7P = 160 + 3P$에서 $10P = 800$, $P = 80$이므로 균형임대료는 80이며, 이를 수요함수나 공급함수에 대입하면 균형거래량은 400이다.

그런데 정부가 아파트 임대료를 35원으로 규제했으므로 $P = 35$를 수요함수와 공급함수에 대입하면 수요량은 $960 - (7 \times 35) = 715$, 공급량은 $160 + (3 \times 35) = 265$이므로 450의 초과수요가 발생한다.

03 임대주택시장에서 임대주택에 대한 수요곡선은 $Q_D = 500 - 4P$이고, 공급곡선은 $Q_S = -100 + 2P$라고 한다. 만약 정부가 임대주택의 임대료를 균형임대료보다 20원 낮은 금액으로 임대료의 상한을 설정한다면 초과수요의 크기는? [단, Q_D: 수요량, Q_S: 공급량, P: 임대료(단위: 원)]

① 70
② 80
③ 90
④ 100
⑤ 120

| 해설 |

균형임대료는 수요량(Q_D)과 공급량(Q_S)이 일치할 때의 임대료이다.

따라서 균형임대료는 $500 - 4P = -100 + 2P$에서 $6P = 600$, $P = 100$이므로 균형임대료는 100이며, 이를 수요함수나 공급함수에 대입하면 균형거래량은 100이다.

그런데 정부가 임대주택의 임대료를 균형임대료(100원)보다 20원 낮은 80원으로 규제했으므로 $P = 80$을 수요함수와 공급함수에 대입하면 수요량은 $500 - (4 \times 80) = 180$, 공급량은 $-100 + (2 \times 80) = 60$이므로 120의 초과수요가 발생한다.

04 임대주택시장에서 어느 임대용 부동산의 수요함수는 $Q_D = 10,000 - 10P$이고 공급함수는 $Q_S = 2,000 + 10P$라고 가정하자. 만약 정부가 임대용 부동산의 임대료를 500원으로 규제한다면 임대주택시장에 어떠한 변화가 발생하는가? (단, Q_D: 수요량, Q_S: 공급량, P: 임대료)

① 1,000만큼의 초과수요 발생
② 1,000만큼의 초과공급 발생
③ 2,000만큼의 초과수요 발생
④ 2,000만큼의 초과공급 발생
⑤ 아무런 변화가 없다.

| 해설 |

정부가 임대료를 500원으로 규제했으므로 $P = 500$을 수요함수와 공급함수에 대입하면

수요량은 $10,000 - (10 \times 500) = 5,000$,

공급량은 $2,000 + (10 \times 500) = 7,000$이다.

계산상에 초과공급이 나타나므로 균형임대료보다 높은 가격으로 규제가격을 설정했다는 의미이다. 이는 현재의 균형상태를 그대로 유지한다는 것으로 임대차시장에는 아무런 변화가 없다.

4

부동산투자론

01 자기자본수익률(지분수익률)을 구하는 문제

대표 문제

부동산투자에 따른 1년간 자기자본수익률은? (단, 주어진 조건에 한함) • 25회

- 투자 부동산가격: 3억원
- 금융기관 대출: 2억원, 자기자본: 1억원
- 대출조건
  - 대출기간: 1년
  - 대출이자율: 연 6%
  - 대출기간 만료 시 이자지급과 원금은 일시상환
- 1년간 순영업이익(NOI): 2천만원
- 1년간 부동산가격 상승률: 0%

① 8% ② 9%

③ 10% ④ 11%

⑤ 12%

| 해설 |

부동산가격 상승률이 0%이므로 자본이득은 0이다.

$$\therefore \text{자기자본수익률} = \frac{2{,}000\text{만원} - (2\text{억원} \times 0.06)}{1\text{억원}} \times 100(\%) = 8\%$$

| 정답 | ①

방's KEY POINT

1. 총자본수익률
$$= \frac{\text{총자본수익}}{\text{총투자액}} \times 100(\%) = \frac{\text{소득이득} + \text{자본이득}}{\text{총투자액}} \times 100(\%)$$

2. 자기자본수익률(지분수익률)
$$= \frac{\text{지분수익}}{\text{지분투자액}} \times 100(\%) = \frac{\text{총자본수익} - \text{이자지급액}}{\text{지분투자액}} \times 100(\%)$$

3. 자기자본수익률 = 총자본수익률 + (총자본수익률 - 이자율) × 부채비율

유형익히기 문제

01 다음 〈보기〉와 같은 상황에서 임대주택 투자자의 1년간 자기자본수익률은? •18회

〈보기〉
- 임대주택 총투자액: 100백만원
  - 차입금: 60백만원
  - 자기자본: 40백만원
- 차입조건: 이자율 연 8%, 대출기간 동안 매 1년 말에 이자만 지급하고 만기에 원금을 일시 상환
- 1년간 순영업소득(NOI): 8백만원
- 1년간 임대주택의 가격 상승률: 2%

① 7% ② 10%
③ 13% ④ 16%
⑤ 20%

| 해설 |

소득이득(순영업소득)은 800만원, 부동산가격 상승률이 2%로 자본이득은 200만원이므로 총자본수익은 1,000만원(= 800만원 + 200만원)이다.

$$\therefore \text{자기자본수익률} = \frac{1,000만원 - (6,000만원 \times 0.08)}{4,000만원} \times 100(\%) = 13\%$$

02 부동산투자 시 (㉠)타인자본을 활용하지 않는 경우와 (㉡)타인자본을 50% 활용하는 경우, 각각의 1년간 자기자본수익률은? (단, 주어진 조건에 한함) • 29회

> • 기간 초 부동산가격: 10억원
> • 1년간 순영업소득(NOI): 연 3천만원(기간 말 발생)
> • 1년간 부동산가격 상승률: 연 2%
> • 1년 후 부동산을 처분함
> • 대출조건: 이자율 연 4%, 대출기간 1년, 원리금은 만기 시 일시상환함

① ㉠: 3%, ㉡: 6%
② ㉠: 3%, ㉡: 8%
③ ㉠: 5%, ㉡: 6%
④ ㉠: 5%, ㉡: 8%
⑤ ㉠: 7%, ㉡: 8%

| 해설 |

㉠ 타인자본을 활용하지 않는 경우

1년간 순영업소득은 3,000만원이고, 1년간 부동산가격 상승률이 2%이므로 자본이득은 2,000만원이 존재하므로 순수익은 5,000만원이 된다. 타인자본을 활용하지 않는 경우는 부동산가격 10억원을 전액 자기자본으로 충당해야 한다.

$$\therefore \text{자기자본수익률} = \frac{5,000만원(=3,000만원+2,000만원)}{10억원} \times 100(\%) = 5\%$$

㉡ 타인자본을 50% 활용하는 경우

타인자본을 50% 활용하는 경우는 부동산가격 10억원 중 자기자본이 5억원이고 타인자본이 5억원이다.

$$\therefore \text{자기자본수익률} = \frac{5,000만원 - (5억원 \times 0.04)}{5억원} \times 100(\%) = 6\%$$

03 부동산투자에서 (㉠)타인자본을 40% 활용하는 경우와 (㉡)타인자본을 활용하지 않는 경우, 각각의 1년간 자기자본수익률(%)은? (단, 주어진 조건에 한함) • 33회

- 부동산 매입가격: 20,000만원
- 1년 후 부동산 처분
- 순영업소득(NOI): 연 700만원(기간 말 발생)
- 보유기간 동안 부동산가격 상승률: 연 3%
- 대출조건: 이자율 연 5%, 대출기간 1년, 원리금은 만기일시상환

① ㉠: 7.0, ㉡: 6.0
② ㉠: 7.0, ㉡: 6.5
③ ㉠: 7.5, ㉡: 6.0
④ ㉠: 7.5, ㉡: 6.5
⑤ ㉠: 7.5, ㉡: 7.0

| 해설 |

㉠ 타인자본을 40% 활용하는 경우

타인자본을 40% 활용하는 경우는 부동산 매입가격 20,000만원 중 자기자본이 12,000만원이고 타인자본이 8,000만원이다.

$$\therefore \text{자기자본수익률} = \frac{1,300만원 - (8,000만원 \times 0.05)}{12,000만원} \times 100(\%) = 7.5\%$$

㉡ 타인자본을 활용하지 않는 경우

1년간 소득이득(순영업소득)은 700만원이고, 1년간 부동산가격 상승률이 3%이므로 자본이득은 600만원이다. 따라서 총자본수익은 1,300만원이 된다. 타인자본을 활용하지 않는 경우는 부동산 매입가격 20,000만원을 전액 자기자본으로 충당해야 한다.

$$\therefore \text{자기자본수익률} = \frac{1,300만원(= 700만원 + 600만원)}{20,000만원} \times 100(\%) = 6.5\%$$

04 투자자 甲이 차입자금을 활용하여 아래와 같이 A부동산에 투자할 경우 甲의 자기자본수익률은 얼마인가?

- A부동산의 투자수익률: 20%
- 대출금리: 10%
- 대부비율(L/V): 50%
- 상환조건: 매년 이자만 상환하고 원금은 만기에 상환

① 10% 　　　　　② 20%
③ 30% 　　　　　④ 35%
⑤ 40%

| 해설 |

⟨방법 1⟩

투자수익률이 20%이고 대출금리가 10%, 대부비율이 50%이므로

$$자기자본수익률 = \frac{20\% - (50\% \times 0.1)}{50\%} \times 100(\%) = 30\%$$

⟨방법 2⟩

대부비율이 50%이면 부채비율은 100%(= 1)이다.

자기자본수익률 = 총자본수익률 + (총자본수익률 − 이자율) × 부채비율
　　　　　　　 = 20% + {(20% − 10%) × 1} = 30%

05 부동산에 투자할 경우 총자본수익률이 15%이고 은행에서의 차입금리가 10%, 부채비율이 400%라면 자기자본수익률은 얼마인가?

① 20% 　　　　　② 25%
③ 28% 　　　　　④ 30%
⑤ 35%

| 해설 |

자기자본수익률 = 총자본수익률 + (총자본수익률 − 이자율) × 부채비율
　　　　　　　 = 15% + {(15% − 10%) × 4} = 35%

06 부동산에 투자할 경우 부채비율이 50%, 총자본수익률(또는 종합수익률)이 10%, 저당수익률이 8%라면 자기자본수익률은 얼마인가?

① 10%
② 11%
③ 12%
④ 13%
⑤ 15%

| 해설 |

자기자본수익률 = 총자본수익률 + (총자본수익률 − 이자율) × 부채비율
$$= 10\% + \{(10\% - 8\%) \times 0.5\} = 11\%$$

02 기대수익률과 분산을 구하는 문제

대표 문제

가상적인 아파트 투자사업에 대해 미래의 경제환경 조건에 따라 추정된 수익률의 예상치가 아래
와 같다고 가정할 때 기대수익률은? (단, 다른 조건은 동일함) • 19회

경제환경변수	발생확률(%)	수익률(%)
비관적	20	4.0
정상적	60	8.0
낙관적	20	13.0

① 4.8%   ② 6.8%

③ 7.4%   ④ 8.2%

⑤ 9.6%

| 해설 |

기대수익률 = Σ(각 경제상황별 추정수익률 × 발생확률)

= (4% × 0.2) + (8% × 0.6) + (13% × 0.2) = 8.2%

| 정답 | ④

필기 노트

01 A부동산, B부동산, C부동산에 대한 경제상황별 수익률이 다음과 같이 추정될 때, 각각의 기대수익률은?

구분		경제상황	
		호황	불황
확률		0.5	0.5
수익률(%)	A부동산	16	6
	B부동산	12	4
	C부동산	8	2

	A의 기대수익률	B의 기대수익률	C의 기대수익률
①	11%	8%	5%
②	10%	7%	6%
③	15%	12%	7%
④	20%	15%	9%
⑤	22%	16%	10%

| 해설 |

기대수익률 = Σ(각 경제상황별 추정수익률 × 발생확률)
- A의 기대수익률 = (16% × 0.5) + (6% × 0.5) = 11%
- B의 기대수익률 = (12% × 0.5) + (4% × 0.5) = 8%
- C의 기대수익률 = (8% × 0.5) + (2% × 0.5) = 5%

02 상가 경제상황별 예측된 확률이 다음과 같을 때, 상가의 기대수익률이 8%라고 한다. 정상적 경제상황의 경우 (　　)에 들어갈 예상수익률은? (단, 주어진 조건에 한함) • 30회

상가의 경제상황		경제상황별 예상수익률(%)	상가의 기대수익률(%)
상황별	확률(%)		
비관적	20	4	
정상적	40	(　)	8
낙관적	40	10	

① 4 ② 6
③ 8 ④ 10
⑤ 12

| 해설 |

상가의 기대수익률이 8%라고 주어졌으므로 정상적 경제상황의 경우 예상수익률을 x%라고 가정하면
$(4\% \times 0.2) + (x\% \times 0.4) + (10\% \times 0.4) = 8\%$
$0.8\% + (x\% \times 0.4) + 4\% = 8\%$
$x\% \times 0.4 = 3.2\%$이다.
따라서 $x = 8$이 된다.

03 시장상황별 추정수익률의 예상치가 다음과 같은 부동산의 기대수익률과 분산은? • 22회

시장상황	수익률	확률
불황	10%	30%
보통	20%	40%
호황	30%	30%

① 기대수익률: 20%, 분산: 0.6%
② 기대수익률: 20%, 분산: 0.4%
③ 기대수익률: 25%, 분산: 4%
④ 기대수익률: 25%, 분산: 5%
⑤ 기대수익률: 25%, 분산: 6%

| 해설 |

1. 기대수익률 $= \Sigma$(각 경제상황별 추정수익률 $\times$ 발생확률)
   $= (0.1 \times 0.3) + (0.2 \times 0.4) + (0.3 \times 0.3) = 0.2(20\%)$
2. 분산 $= \Sigma$[(각 경제상황별 추정수익률 $-$ 기대수익률)$^2 \times$ 발생확률]
   $= \{(0.1 - 0.2)^2 \times 0.3\} + \{(0.2 - 0.2)^2 \times 0.4\} + \{(0.3 - 0.2)^2 \times 0.3\} = 0.006(0.6\%)$

04 시장상황별 추정수익률의 예상치가 다음과 같은 투자자산의 분산은?

시장상황	수익률	확률
불황	20%	50%
호황	40%	50%

① 0.01　　　　　　　　　　　　② 0.001

③ 0.002　　　　　　　　　　　④ 0.025

⑤ 0.028

| 해설 |

1. 기대수익률 = Σ(각 경제상황별 추정수익률 × 발생확률)
$$= (20\% \times 0.5) + (40\% \times 0.5) = 10\% + 20\% = 30\%(0.3)$$
2. 분산 = Σ{(각 상황이 발생할 경우 실현되는 값 − 기댓값)² × 발생확률}
$$= \{(0.2 - 0.3)^2 \times 0.5\} + \{(0.4 - 0.3)^2 \times 0.5\}$$
$$= 0.005 + 0.005 = 0.01$$

03 요구수익률과 투자가치를 구하는 문제

대표 문제

다음과 같은 투자안에서 부동산의 투자가치는? (단, 연간 기준이며, 주어진 조건에 한함) •34회

- 무위험률: 3%
- 예상인플레이션율: 2%
- 위험할증률: 4%
- 예상순수익: 4,500만원

① 4억원
② 4억 5천만원
③ 5억원
④ 5억 5천만원
⑤ 6억원

| 해설 |

무위험률이 3%이고, 위험할증률이 4%, 예상인플레이션율이 2%인데, 요구수익률은 무위험률 + 위험할증률 + 예상인플레이션율이므로 요구수익률 = 3% + 4% + 2% = 9%이다.

따라서 투자가치 = $\dfrac{\text{예상순수익}}{\text{요구수익률}}$ = $\dfrac{4,500만원}{0.09}$ = 5억원이다.

| 정답 | ③

방's KEY POINT

요구수익률	요구수익률 = 무위험률 ⇐ 위험이 전혀 없는 경우 = 무위험률 + 위험할증률 ⇨ 위험조정률 = 무위험률 + 위험할증률 + 예상인플레이션율 ⇨ 피셔(Fisher)효과
투자가치	투자가치 = $\dfrac{\text{(투자에 대한) 예상순수익}}{\text{시장의 요구수익률}}$

필기 노트

01 매년 2천만원의 확정적 소득이 영구히 기대되는 주차장 용도의 토지가 있다. 시장에서 국공채 이 자율은 5%이고, 이 토지에 대한 위험할증률은 3%라고 한다. 이 토지의 투자가치는 얼마인가?
(단, 물가는 안정적이라고 가정함) •13회

① 3억 5천만원   ② 2억원

③ 2억 5천만원   ④ 3억원

⑤ 4억원

| 해설 |

요구수익률은 무위험률 + 위험할증률이므로, 요구수익률은 5% + 3% = 8%이다.

따라서 투자가치 $= \dfrac{\text{예상순수익}}{\text{요구수익률}} = \dfrac{2{,}000\text{만원}}{0.08} = 2$억 5천만원이다.

02 매년 확정적으로 얻을 수 있는 소득이 1,000만원씩 영구히 발생하는 토지가 있다. 시장에서 무위 험률은 4%이고, 이 토지에 대한 위험할증률은 3%, 예상인플레이션율이 1%라면 이 토지의 투자 가치는 얼마인가?

① 1억원   ② 1억 2,500만원

③ 1억 5,000만원   ④ 1억 7,500만원

⑤ 2억원

| 해설 |

요구수익률은 무위험률 + 위험할증률 + 예상인플레이션율이므로, 요구수익률은 4% + 3% + 1% = 8%이다.

따라서 투자가치 $= \dfrac{\text{예상순수익}}{\text{요구수익률}} = \dfrac{1{,}000\text{만원}}{0.08} = 1$억 2,500만원이다.

04 포트폴리오의 기대수익률을 구하는 문제

대표 문제

자산비중 및 경제상황별 예상수익률이 다음과 같을 때, 전체 구성자산의 기대수익률은? (단, 확률은 호황 40%, 불황 60%임)

• 25회

구분	자산비중	경제상황별 예상수익률(%)	
		호황	불황
상가	20%	20%	10%
오피스텔	30%	25%	10%
아파트	50%	10%	8%

① 11.5%   ② 12.0%

③ 12.5%   ④ 13.0%

⑤ 13.5%

| 해설 |

• 상가의 기대수익률 = (20% × 0.4) + (10% × 0.6) = 14%
• 오피스텔의 기대수익률 = (25% × 0.4) + (10% × 0.6) = 16%
• 아파트의 기대수익률 = (10% × 0.4) + (8% × 0.6) = 8.8%
∴ 포트폴리오의 기대수익률 = (14% × 0.2) + (16% × 0.3) + (8.8% × 0.5) = 12%

| 정답 | ②

방's KEY POINT

1. 포트폴리오의 기대수익률 = Σ(각 개별자산의 기대수익률 × 각 개별자산의 구성비율)
2. 개별자산의 기대수익률 = Σ(각 경제상황별 추정수익률 × 발생확률)

필기 노트

01 A, B, C 3개의 부동산자산으로 이루어진 포트폴리오가 있다. 이 포트폴리오의 자산비중 및 경제 상황별 예상수익률 분포가 다음 표와 같을 때 전체 포트폴리오의 기대수익률은? (다만, 호황과 불황의 확률은 각각 50%임) • 21회

구분	포트폴리오 비중(%)	경제상황별 예상수익률(%)	
		호황	불황
A부동산	20	6	4
B부동산	30	8	4
C부동산	50	10	2

① 5.0% ② 5.2%

③ 5.4% ④ 5.6%

⑤ 5.8%

| 해설 |
- A의 기대수익률 = (6% × 0.5) + (4% × 0.5) = 5%
- B의 기대수익률 = (8% × 0.5) + (4% × 0.5) = 6%
- C의 기대수익률 = (10% × 0.5) + (2% × 0.5) = 6%
∴ 포트폴리오의 기대수익률 = (5% × 0.2) + (6% × 0.3) + (6% × 0.5) = 5.8%

02 다음과 같은 조건에서 부동산 포트폴리오의 기대수익률(%)은? (단, 포트폴리오의 비중은 A부동산: 50%, B부동산: 50%임) • 24회

경제상황	각 경제상황이 발생할 확률(%)	각 경제상황에 따른 예상수익률(%)	
		A부동산	B부동산
불황	40	20	10
호황	60	70	30

① 24 ② 28

③ 32 ④ 36

⑤ 40

| 해설 |
- A의 기대수익률 = (20% × 0.4) + (70% × 0.6) = 50%
- B의 기대수익률 = (10% × 0.4) + (30% × 0.6) = 22%
∴ 포트폴리오의 기대수익률 = (50% × 0.5) + (22% × 0.5) = 36%

05 화폐의 시간가치 계산문제

대표 문제

5년 후 1억원의 현재가치는? (단, 주어진 조건에 한함) • 28회

- 할인율: 연 7%(복리 계산)
- 최종 현재가치 금액은 십만원 자리 반올림함

① 6,100만원 ② 6,600만원
③ 7,100만원 ④ 7,600만원
⑤ 8,100만원

| 해설 |

5년 후 1억원의 현재가치는 1억원 × 일시불의 현가계수(5년)로 구한다.

일시불의 현가계수(5년) $= (1 + 0.07)^{-5} = \dfrac{1}{(1 + 0.07)^5} = 0.712986$

따라서 1억원 × 0.712986 = 71,298,600원이다. 최종 현재가치 금액은 십만원 자리 반올림하라고 했으므로 7,100만원이 된다.

| 정답 | ③

방's KEY POINT

		미래가치				현재가치
일시불의 내가 계수	개념	1원을 ~ n년 후에		일시불의 현가 계수	개념	n년 후의 1원을 ~ 할인
	식	$(1+r)^n$			식	$\dfrac{1}{(1+r)^n} = (1+r)^{-n}$
연금의 내가 계수	개념	매년 1원씩 ~ n년 후에		연금의 현가 계수	개념	매년 1원씩 ~ 일시불로 환원
	식	$\dfrac{(1+r)^n - 1}{r}$			식	$\dfrac{1 - (1+r)^{-n}}{r}$
감채 기금 계수	개념	n년 후에 1원을 만들기 위해서 ~ 매년 적립		저당 상수	개념	n년 동안 1원을 빌리고 ~ 매년 지불
	식	$\dfrac{r}{(1+r)^n - 1}$			식	$\dfrac{r}{1 - (1+r)^{-n}}$

주어진 금액 × 자본환원계수 = 구하는 금액
저당대부액 × 저당상수 = 부채서비스액(저당지불액)
부채서비스액(저당지불액) × 연금의 현가계수 = 미상환저당잔금

저당대부액 $= \dfrac{부채서비스액}{저당상수}$ 저당상수 $= \dfrac{부채서비스액}{저당대부액}$

01 현재 1억원인 부동산이 매년 10%씩 가격이 상승한다면 5년 후에는 얼마인가?

① 132,520,000원   ② 157,252,000원

③ 161,051,000원   ④ 178,356,000원

⑤ 180,233,000원

| 해설 |

정기예금을 찾는 금액과 같은 원리이므로, 1억원 × 일시불의 내가계수(5년)로 계산한다.

일시불의 내가계수(5년) = $(1 + 0.1)^5$ = 1.61051

따라서 1억원 × 1.61051 = 161,051,000원이다.

02 투자자 甲은 부동산 구입자금을 마련하기 위하여 3년 동안 매년 연말 3,000만원씩을 불입하는 정기적금에 가입하였다. 이 적금의 이자율이 복리로 연 10%라면, 3년 후 이 적금의 미래가치는?

• 24회

① 9,600만원

② 9,650만원

③ 9,690만원

④ 9,930만원

⑤ 9,950만원

| 해설 |

정기적금을 찾는 금액이므로, 3,000만원 × 연금의 내가계수(3년)로 구한다.

$$연금의\ 내가계수(3년) = \frac{(1+0.1)^3 - 1}{0.1} = 3.31$$

따라서 3,000만원 × 3.31 = 9,930만원이다.

03 A는 부동산자금을 마련하기 위하여 20×1년 1월 1일 현재, 2년 동안 매년 연말 2,000원을 불입하는 투자상품에 가입했다. 투자상품의 이자율이 연 10%라면, 이 상품의 현재가치는? (단, 십원 단위 이하는 절사함)

• 22회

① 3,400원

② 3,600원

③ 3,700원

④ 3,200원

⑤ 3,300원

| 해설 |

2,000원 × 연금의 현가계수(2년)로 구한다.

$$연금의\ 현가계수(2년) = \frac{1-(1+0.1)^{-2}}{0.1} = 1.7356$$

따라서 2,000원 × 1.7356 = 3,471.2이다.

그런데 십원 단위 이하는 절사하라고 했으므로 3,400원이다.

04 A씨는 원리금균등분할상환조건으로 1억원을 대출받았다. 은행의 대출조건이 다음과 같을 때, 대출 후 5년이 지난 시점에 남아있는 대출잔액은? (단, 만원 단위 미만은 절사하며, 주어진 조건에 한함) • 33회

- 대출금리: 고정금리, 연 5%
- 총 대출기간과 상환주기: 30년, 월말 분할상환
- 월별 원리금지급액: 54만원
- 기간이 30년인 저당상수: 0.0054
- 기간이 25년인 연금의 현가계수: 171.06

① 8,333만원　　　　　　　　　② 8,500만원
③ 8,750만원　　　　　　　　　④ 9,237만원
⑤ 9,310만원

| 해설 |
미상환저당잔금(대출잔액)은 (매 기간) 원리금상환액에 잔여기간의 연금의 현가계수를 곱한 것이다.
따라서 (매 기간) 원리금상환액 × 연금의 현가계수(25년) = 미상환저당잔금(대출잔액)이므로
= 54만원 × 171.06 = 92,372,400원이다.
그런데 만원 단위 미만은 절사하라고 했으므로 9,237만원이 된다.

05 임대인 A와 임차인 B는 임대차계약을 체결하려고 한다. 향후 3년간 순영업소득의 현재가치 합계는? (단, 주어진 조건에 한하며, 모든 현금유출입은 매 기간 말에 발생함) •30회

> • 연간 임대료는 1년차 5,000만원에서 매년 200만원씩 증가
> • 연간 영업경비는 1년차 2,000만원에서 매년 100만원씩 증가
> • 1년 후 일시불의 현가계수 0.95
> • 2년 후 일시불의 현가계수 0.90
> • 3년 후 일시불의 현가계수 0.85

① 8,100만원　　　　　　　　　② 8,360만원
③ 8,620만원　　　　　　　　　④ 9,000만원
⑤ 9,300만원

| 해설 |

1. 연간 임대료는 1년차 5,000만원에서 매년 200만원씩 증가하고 연간 영업경비는 1년차 2,000만원에서 매년 100만원씩 증가하므로
   • 1년차 순영업소득 = 5,000만원 - 2,000만원 = 3,000만원
   • 2년차 순영업소득 = 5,200만원 - 2,100만원 = 3,100만원
   • 3년차 순영업소득 = 5,400만원 - 2,200만원 = 3,200만원
2. 매년 순영업소득의 현재가치는 각각의 일시불의 현가계수를 곱하여 구한다.
   • 3,000만원 × 1년 후 일시불의 현가계수(0.95) = 2,850만원
   • 3,100만원 × 2년 후 일시불의 현가계수(0.90) = 2,790만원
   • 3,200만원 × 3년 후 일시불의 현가계수(0.85) = 2,720만원
3. 3년간 순영업소득의 현재가치 합계는
   2,850만원 + 2,790만원 + 2,720만원 = 8,360만원이다.

06 현금흐름의 측정 계산문제

대표 문제

다음 임대주택사업의 세후현금흐름은 얼마인가? (단, 다른 조건은 고려하지 않음) •19회

- 순운영소득: 140,000,000원
- 연간융자월부금: 90,000,000원
- 감가상각: 10,000,000원
- 재산세: 5,000,000원
- 융자이자: 70,000,000원
- 소득세율: 30%

① 18,000,000원
② 27,000,000원
③ 32,000,000원
④ 45,000,000원
⑤ 50,000,000원

| 해설 |

순영업소득(NOI)	140,000,000원
− 부채서비스액	− 90,000,000원
세전현금흐름	50,000,000원
− 영업소득세	− 18,000,000원
세후현금흐름	32,000,000원

[영업소득세 계산]

순영업소득(NOI)	140,000,000원	세전현금흐름	50,000,000원
− 이자지급분	− 70,000,000원	+ 원금상환분	+ 20,000,000원
− 감가상각액	− 10,000,000원	− 감가상각액	− 10,000,000원
과세소득	60,000,000원	과세소득	60,000,000원
× 세율	× 0.3	× 세율	× 0.3
영업소득세	18,000,000원	영업소득세	18,000,000원

| 정답 | ③

영업의 현금흐름 계산	단위당 예상임대료 × 임대가능 단위 수	
	가능**총**소득(Potential Gross Income; PGI) − 공실 및 불량부채 + 기타 소득	
	유효**총**소득(Effective Gross Income; EGI) − 영업경비(Operating Expenses; OE)	
	순영업소득(Net Operating Income; NOI) − 부채서비스액(Debt Service; DS)	
	세**전**현금흐름(Before-Tax Cash Flow; BTCF) − 영업소득세(Taxes from Operation; TO)	
	세**후**현금흐름(After-Tax Cash Flow; ATCF)	
지분복귀액의 계산	**매**도가격(selling price) − 매도경비(selling expense)	
	순매도액(net sales proceed) − 미상환저당잔금(unpaid mortgage balance)	
	세**전**지분복귀액(before-tax equity reversion) − 자본이득세(capital gain tax)	
	세**후**지분복귀액(after-tax equity reversion)	
영업소득세의 계산	**순**영업소득 + **대**체충당금 − **이**자지급분 − **감**가상각액	**세전**현금흐름 + **대**체충당금 + **원**금상환분 − **감**가상각액
	과세소득 × 세율	과세소득 × 세율
	영업소득세	영업소득세

필기 노트

01 A부동산의 다음 1년간 소득 및 비용명세서를 이용하여 순영업소득을 구하시오. •16회

유효총소득	100,000,000원
비용명세	• 유지관리비: 20,000,000원 • 화재보험료: 3,000,000원 • 소득세: 10,000,000원 • 수도료: 2,000,000원 • 전기료: 3,000,000원 • 재산세: 20,000,000원 • 부채서비스액: 10,000,000원

① 32,000,000원
② 42,000,000원
③ 49,000,000원
④ 52,000,000원
⑤ 57,000,000원

| 해설 |

먼저 영업경비에 포함되지 않는 항목인 소득세(1,000만원)와 부채서비스액(1,000만원)을 제외한 나머지를 합하면 영업경비는 4,800만원이 된다. 결국 순영업소득은 유효총소득(1억원)에서 영업경비(4,800만원)를 뺀 5,200만원이 된다.

영업경비 불포함 항목	**취득세, 공**실 및 대손충당금, **부채서비스액, 영업소득세, 감**가상각비, **소유자 급여, 개**인적 업무비

02 대상부동산의 순영업소득(NOI)은?

> • 건축연면적: 1,800m²
> • 유효임대면적 비율: 80%(건축연면적 대비)
> • 연 평균임대료: 5,000원/m²
> • 영업경비율: 50%(유효총소득 기준)
> • 평균공실률: 10%
> • 연간 부채상환액: 500원/m²(유효임대면적 기준)

① 320만원

② 324만원

③ 332만원

④ 340만원

⑤ 380만원

| 해설 |

유효임대면적 = 1,800m² × 0.8 = 1,440m²
따라서 가능총소득은 5,000원 × 1,440m² = 720만원이다.

가능총소득	720만원
− 공실 및 불량부채	− 72만원
유효총소득	648만원
− 영업경비	− 324만원(= 648만원 × 0.5)
순영업소득(NOI)	324만원

따라서 순영업소득은 324만원이다.

03 어느 회사의 1년 동안의 운영수지다. 세후현금흐름은? (단, 주어진 조건에 한함) •25회

> • 가능총소득: 4,800만원
> • 공실: 가능총소득의 5%
> • 영업소득세율: 연 20%
> • 원금상환액: 200만원
> • 이자비용: 800만원
> • 영업경비: 240만원
> • 감가상각비: 200만원

① 2,496만원　　　　　　　　② 2,656만원
③ 2,696만원　　　　　　　　④ 2,856만원
⑤ 2,896만원

| 해설 |

가능총소득	4,800만원
− 공실 및 불량부채	− 240만원(= 4,800만원 × 0.05)
유효총소득	4,560만원
− 영업경비	− 240만원
순영업소득	4,320만원
− 부채서비스액	− 1,000만원
세전현금흐름	3,320만원
− 영업소득세	− 664만원
세후현금흐름	2,656만원

[영업소득세 계산]

순영업소득	4,320만원	세전현금흐름	3,320만원
− 이자지급분	− 800만원	+ 원금상환분	+ 200만원
− 감가상각액	− 200만원	− 감가상각액	− 200만원
과세소득	3,320만원	과세소득	3,320만원
× 세율	× 0.2	× 세율	× 0.2
영업소득세	664만원	영업소득세	664만원

04 다음은 투자 예정인 어느 임대용 부동산의 1년 동안 예상되는 현금흐름이다. 연간 세후현금흐름은? (단, 주어진 조건에 한함)

> • 단위면적당 월 임대료: 20,000원/m²
> • 임대면적: 100m²
> • 공실손실상당액: 가능총소득의 5%
> • 영업경비: 유효총소득의 40%
> • 부채서비스액: 연 6,000,000원
> • 이자비용: 연 4,000,000원
> • 감가상각비: 2,000,000원
> • 영업소득세율: 연 20%

① 6,144,000원 ② 6,235,000원
③ 6,254,000원 ④ 6,363,000원
⑤ 6,436,000원

| 해설 |

단위면적당 월 임대료	20,000원	
× 임대면적	× 100m²	
× 개월	× 12개월	
가능총소득	24,000,000원	
− 공실 및 대손충당금	− 1,200,000원	(= 24,000,000원 × 0.05)
유효총소득	22,800,000원	
− 영업경비	− 9,120,000원	(= 22,800,000원 × 0.4)
순영업소득	13,680,000원	
− 부채서비스액	− 6,000,000원	
세전현금흐름	7,680,000원	
− 영업소득세	− 1,536,000원	
세후현금흐름	6,144,000원	

[영업소득세 계산]

순영업소득	13,680,000원	
− 이자지급분	− 4,000,000원	
− 감가상각액	− 2,000,000원	
과세소득	7,680,000원	
× 세율	× 0.2	
영업소득세	1,536,000원	

05 다음은 어느 임대용 건물의 한 해 동안 영업의 현금흐름과 관련된 자료이다. 세후현금흐름을 구하면?

• 임대가능 단위 수	40실	• 단위당 임대료	500만원
• 공실 및 대손충당금	가능총소득의 5%	• 기타 수입	500만원
• 영업경비	8,000만원	• 대체충당금	2,500만원
• 원금상환분	500만원	• 이자지급액	1,500만원
• 감가상각액	3,000만원	• 세율	20%

① 56,000,000원
② 61,000,000원
③ 76,000,000원
④ 82,000,000원
⑤ 85,400,000원

| 해설 |

단위당 임대료	5,000,000원
× 임대가능 단위 수	× 40실
가능총소득	200,000,000원
− 공실 및 불량부채	− 10,000,000원(= 200,000,000원 × 0.05)
+ 기타소득	+ 5,000,000원
유효총소득	195,000,000원
− 영업경비	− 80,000,000원
순영업소득(NOI)	115,000,000원
− 부채서비스액	− 20,000,000원
세전현금흐름	95,000,000원
− 영업소득세	− 19,000,000원
세후현금흐름	76,000,000원

[영업소득세 계산]

순영업소득(NOI)	115,000,000원
+ 대체충당금	+ 25,000,000원
− 이자지급분	− 15,000,000원
− 감가상각액	− 30,000,000원
과세소득	95,000,000원
× 세율	× 0.2
영업소득세	19,000,000원

07 할인현금흐름분석법(할인현금수지분석법) 계산문제

대표 문제

다음과 같은 현금흐름을 갖는 투자안 A의 순현가(NPV)**와 내부수익률**(IRR)**은?** [단, 할인율은 연 20%, 사업기간은 1년이며, 사업 초기(1월 1일)에 현금지출만 발생하고 사업 말기(12월 31일)에 현금유입만 발생함]

•24회

투자안	초기 현금지출	말기 현금유입
A	5,000원	6,000원

	NPV	IRR		NPV	IRR
①	0원	20%	②	0원	25%
③	0원	30%	④	1,000원	20%
⑤	1,000원	25%			

| 해설 |

1. 순현가(NPV) = 현금유입의 현재가치 − 현금유출의 현재가치이다.

   현금유입의 현재가치는 $\dfrac{6,000원}{1+0.2} = 5,000원$이고, 현금유출의 현재가치도 5,000원이므로 순현가 = 5,000원 − 5,000원 = 0원이다.

2. 내부수익률(IRR)은 현금유입의 현재가치 $\left(\dfrac{6,000원}{1+x}\right)$와 현금유출의 현재가치(5,000원)를 일치시켜 주는 할인율이다.

   따라서 $\dfrac{6,000원}{1+x} = 5,000원$이므로 내부수익률$(x)$ = 0.2(20%)이다.

| 정답 | ①

필기 노트

01 다음 표와 같은 투자사업들이 있다. 이 사업들은 모두 사업기간이 1년이며, 금년에는 현금지출만 발생하고 내년에는 현금유입만 발생한다고 한다. 할인율이 5%라고 할 때 다음 중 **틀린** 것은?

• 19회

사업	금년의 현금지출	내년의 현금유입
A	300만원	630만원
B	100만원	315만원
C	100만원	420만원
D	100만원	262.5만원

① A와 C의 NPV(순현가)는 같다
② NPV가 가장 작은 사업은 D이다.
③ C의 PI(수익성지수)는 4이다.
④ PI가 큰 순서는 C > B > A > D이다.
⑤ 총투자비가 300만원일 경우, A만 수행하는 투자안보다 B, C, D를 함께 수행하는 투자안의 타당성이 더 높다.

| 해설 |

사업	금년의 현금지출	내년의 현금유입	현금유입의 현가	순현가 (유입현가 - 유출현가)	수익성지수 $\left(\dfrac{유입현가}{유출현가}\right)$
A	300만원	630만원	$\dfrac{630만원}{1+0.05}=600만원$	300만원	2
B	100만원	315만원	$\dfrac{315만원}{1+0.05}=300만원$	200만원	3
C	100만원	420만원	$\dfrac{420만원}{1+0.05}=400만원$	300만원	4
D	100만원	262.5만원	$\dfrac{262.5만원}{1+0.05}=250만원$	150만원	2.5

따라서 수익성지수(PI)가 큰 순서는 C > B > D > A이다.

02 다음 표와 같은 투자사업(A~C)이 있다. 모두 사업기간이 1년이며, 사업 초기(1월 1일)에 현금지출만 발생하고 사업 말기(12월 31일)에는 현금유입만 발생한다고 한다. 할인율이 연 5%라고 할 때 다음 중 옳은 것은?

• 32회

투자사업	초기 현금지출	말기 현금유입
A	3,800만원	6,825만원
B	1,250만원	2,940만원
C	1,800만원	4,725만원

① 수익성지수(PI)가 가장 큰 사업은 A이다.
② 순현재가치(NPV)가 가장 큰 사업은 B이다.
③ 수익성지수가 가장 작은 사업은 C이다.
④ A의 순현재가치는 B의 순현재가치의 2.5배이다.
⑤ A와 C의 순현재가치는 같다.

| 해설 |

사업	초기 현금지출	말기 현금유입	현금유입의 현가	순현가 (유입현가 - 유출현가)	수익성지수 $\left(\dfrac{\text{유입현가}}{\text{유출현가}}\right)$
A	3,800만원	6,825만원	$\dfrac{6,825만원}{1+0.05}=6,500만원$	2,700만원	1.71
B	1,250만원	2,940만원	$\dfrac{2,940만원}{1+0.05}=2,800만원$	1,550만원	2.24
C	1,800만원	4,725만원	$\dfrac{4,725만원}{1+0.05}=4,500만원$	2,700만원	2.5

① 수익성지수(PI)가 가장 큰 사업은 C이다.
② 순현재가치(NPV)가 가장 작은 사업은 B이다.
③ 수익성지수가 가장 작은 사업은 A이다.
④ A의 순현재가치(2,700만원)는 B의 순현재가치(1,550만원)의 약 1.74배이다.

즉, $\dfrac{2,700만원}{1,550만원} ≒ 1.74$이므로 A의 순현재가치는 B의 순현재가치의 약 1.74배이다.

⑤ A와 C의 순현재가치는 2,700만원으로 같다.

03 다음 표와 같은 투자사업들이 있다. 이 사업들은 모두 사업기간이 1년이며, 사업 초기(1월 1일)에 현금지출만 발생하고 사업 말기(12월 31일)에 현금유입만 발생한다고 한다. 할인율이 연 7%라고 할 때 다음 중 **틀린** 것은? · 23회

사업	초기 현금지출	말기 현금유입
A	3,000만원	7,490만원
B	1,000만원	2,675만원
C	1,500만원	3,210만원
D	1,500만원	4,815만원

① B와 C의 순현재가치(NPV)는 같다.
② 수익성지수(PI)가 가장 큰 사업은 D이다.
③ 순현재가치(NPV)가 가장 큰 사업은 A이다.
④ 수익성지수(PI)가 가장 작은 사업은 C이다.
⑤ A의 순현재가치(NPV)는 D의 2배이다.

| 해설 |

사업	초기 현금지출	말기 현금유입	현금유입의 현가	순현가 (유입현가 – 유출현가)	수익성지수 $\left(\dfrac{유입현가}{유출현가}\right)$
A	3,000만원	7,490만원	$\dfrac{7,490만원}{1+0.07}=7,000만원$	4,000만원	2.33
B	1,000만원	2,675만원	$\dfrac{2,675만원}{1+0.07}=2,500만원$	1,500만원	2.5
C	1,500만원	3,210만원	$\dfrac{3,210만원}{1+0.07}=3,000만원$	1,500만원	2
D	1,500만원	4,815만원	$\dfrac{4,815만원}{1+0.07}=4,500만원$	3,000만원	3

A의 순현재가치(NPV)는 D의 약 1.33배이다.

즉, $\dfrac{4,000만원}{3,000만원}$ ≒ 1.33이므로 A의 순현재가치는 D의 순현재가치의 약 1.33배이다.

04 **다음 현금흐름표를 기초로 계산한 순현재가치는?** (다만, 0년차 현금흐름은 초기투자액, 1년차부터 5년차까지 현금흐름은 현금유입과 유출을 감안한 순현금흐름이며, 할인율은 연 10%, 이때 기간 5년인 연금의 현가계수는 3.79079이고 일시불의 현가계수는 0.620921임) •20회

(단위: 만원)

기간(년)	0	1	2	3	4	5
현금흐름	−1,000	130	130	130	130	1,430

① 100만원
② 200만원
③ 300만원
④ 400만원
⑤ 500만원

| 해설 |

5년차의 현금흐름 1,430만원을 130만원 + 1,300만원으로 구분한다. 그러면 현금흐름이 130만원씩 5년간 발생하는 금액의 현재가치는 연금의 현가계수를 이용하여 구하고 5년 후에 발생하는 1,300만원의 현재가치는 일시불의 현가계수를 이용하여 구한다.

기간(년)	현금유출		현금유입				
	0		1	2	3	4	5
현금흐름	−1,000	운영소득	130	130	130	130	130
		처분소득					1,300

130만원 × 연금의 현가계수(5년) = 130만원 × 3.79079 = 492.8027
1,300만원 × 일시불의 현가계수(5년) = 1,300만원 × 0.620921 = 807.1973
따라서 현금유입의 현가합은 492.8027 + 807.1973 = 1,300만원이므로 순현가는 1,300만원 − 1,000만원 = 300만원이다.

05 다음은 투자부동산의 매입, 운영 및 매각에 따른 현금흐름이다. 이에 기초한 순현재가치는? (단, 0년차 현금흐름은 초기투자액, 1년차부터 7년차까지 현금흐름은 현금유입과 유출을 감안한 순현금흐름이며, 기간이 7년인 연금의 현가계수는 3.50, 7년 일시불의 현가계수는 0.60이고, 주어진 조건에 한함) •32회

(단위: 만원)

기간(년)	0	1	2	3	4	5	6	7
현금흐름	−1,100	120	120	120	120	120	120	1,420

① 100만원
② 120만원
③ 140만원
④ 160만원
⑤ 180만원

| 해설 |

7년차의 현금흐름 1,420만원을 120만원 + 1,300만원으로 구분한다. 그러면 현금흐름이 120만원씩 7년간 발생하는 금액의 현재가치는 연금의 현가계수를 이용하여 구하고 7년 후에 발생하는 1,300만원의 현재가치는 일시불의 현가계수를 이용하여 구한다.

기간(년)	현금유출		현금유입						
	0		1	2	3	4	5	6	7
현금흐름	−1,100	운영소득	120	120	120	120	120	120	120
		처분소득							1,300

120만원 × 연금의 현가계수(7년) = 120만원 × 3.5 = 420만원
1,300만원 × 일시불의 현가계수(7년) = 1,300만원 × 0.6 = 780만원
따라서 현금유입의 현가합은 420만원 + 780만원 = 1,200만원이므로 순현가는 1,200만원 − 1,100만원 = 100만원이다.

06 향후 2년간 현금흐름을 이용한 다음 사업의 수익성지수(PI)는? (단, 연간 기준이며, 주어진 조건에 한함)

• 31회

- 모든 현금의 유입과 유출은 매년 말에만 발생
- 현금유입은 1년차 1,000만원, 2년차 1,200만원
- 현금유출은 현금유입의 80%
- 1년 후 일시불의 현가계수 0.95
- 2년 후 일시불의 현가계수 0.90

① 1.15
② 1.20
③ 1.25
④ 1.30
⑤ 1.35

| 해설 |

현금유입의 현가합은 (1,000만원 × 0.95) + (1,200만원 × 0.9) = 2,030만원이다.

현금유출은 현금유입의 80%이므로 현금유출의 현가합은 2,030만원 × 0.8 = 1,624만원이다.

따라서 수익성지수 = $\dfrac{2,030만원}{1,624만원}$ = 1.25이다.

08 어림셈법과 비율분석법 계산문제

다음 자료를 활용하여 산정한 대상부동산의 순소득승수는? (단, 주어진 조건에 한함) • 33회

- 총투자액: 10,000만원
- 지분투자액: 6,000만원
- 가능총소득(PGI): 1,100만원/년
- 유효총소득(EGI): 1,000만원/년
- 영업비용(GE): 500만원/년
- 부채서비스액(DS): 260만원/년
- 영업소득세: 120만원/년

① 6   ② 9

③ 10   ④ 12

⑤ 20

| 해설 |

1. 순영업소득 = 유효총소득 − 영업경비(영업비용)

       = 1,000만원 − 500만원

       = 500만원

2. 순소득승수 $= \dfrac{\text{총투자액}}{\text{순영업소득}} = \dfrac{10,000\text{만원}}{500\text{만원}} = 20$

| 정답 | ⑤

필기 노트

01 다음 자료는 A부동산의 1년간 운영수지이다. A부동산의 세후현금흐름승수는? (단, 주어진 조건에 한함)
· 34회

> · 총투자액: 50,000만원
> · 지분투자액: 36,000만원
> · 가능총소득(PGI): 6,000만원
> · 공실률: 15%
> · 재산세: 500만원
> · 원리금상환액: 600만원
> · 영업소득세: 400만원

① 8   ② 10
③ 12   ④ 15
⑤ 20

| 해설 |

	가능총소득	6,000만원
−	공실·불량부채	− 900만원(= 6,000만원 × 0.15)
	유효총소득	5,100만원
−	영업경비	− 500만원
	순영업소득	4,600만원
−	원리금상환액(부채서비스액)	− 600만원
	세전현금흐름	4,000만원
−	영업소득세	− 400만원
	세후현금흐름	3,600만원

$$\therefore \ 세후현금흐름승수 = \frac{지분투자액}{세후현금흐름} = \frac{3억\ 6,000만원}{3,600만원} = 10$$

02 다음 자료는 A부동산의 1년간 운영수지이다. A부동산의 총투자액은 6억원이며, 투자자는 총투자액의 40%를 은행에서 대출받았다. 이 경우 순소득승수(㉠)와 세전현금흐름승수(㉡)는? (단, 주어진 조건에 한함) • 35회

- 가능총소득(PGI): 7,000만원
- 공실손실상당액 및 대손충당금: 500만원
- 기타소득: 100만원
- 부채서비스액: 1,500만원
- 영업소득세: 500만원
- 수선유지비: 200만원
- 용역비: 100만원
- 재산세: 100만원
- 직원인건비: 200만원

① ㉠: 9.0, ㉡: 8.0
② ㉠: 9.0, ㉡: 9.0
③ ㉠: 9.0, ㉡: 10.0
④ ㉠: 10.0, ㉡: 8.0
⑤ ㉠: 10.0, ㉡: 9.0

| 해설 |

가능총소득	7,000만원
− 공실손실상당액 및 대손충당금	− 500만원
+ 기타소득	+ 100만원
유효총소득	6,600만원
− 영업경비	− 600만원
순영업소득	6,000만원
− 부채서비스액	− 1,500만원
세전현금흐름	4,500만원

영업경비는 수선유지비 200만원, 용역비 100만원, 재산세 100만원, 직원인건비 200만원을 합한 600만원이 된다.

㉠ 순소득승수 $= \dfrac{\text{총투자액}}{\text{순영업소득}} = \dfrac{6억원}{6,000만원} = 10$

㉡ 세전현금흐름승수 $= \dfrac{\text{지분투자액}}{\text{세전현금흐름}} = \dfrac{3억 6,000만원}{4,500만원} = 8$

03 다음의 자료를 통해 산정한 값으로 <u>틀린</u> 것은? (단, 주어진 조건에 한함) • 26회

- 총투자액: 10억원
- 지분투자액: 6억원
- 세전현금수지: 6,000만원/년
- 부채서비스액: 4,000만원/년
- (유효)총소득승수: 5

① (유효)총소득: 2억원/년
② 순소득승수: 10
③ 세전현금수지승수: 10
④ (종합)자본환원율: 8%
⑤ 부채감당률: 2.5

| 해설 |

① (유효)총소득승수 $= \dfrac{\text{총투자액}}{\text{유효총소득}}$

　(유효)총소득 $= \dfrac{\text{총투자액}}{\text{(유효)총소득승수}} = \dfrac{10억원}{5} = 2억원/년$

② 순소득승수 $= \dfrac{\text{총투자액}}{\text{순영업소득}} = \dfrac{10억원}{1억원} = 10$

③ 세전현금수지승수 $= \dfrac{\text{지분투자액}}{\text{세전현금수지}} = \dfrac{6억원}{6,000만원} = 10$

④ (종합)자본환원율 $= \dfrac{\text{순영업소득}}{\text{총투자액}} = \dfrac{1억원}{10억원} \times 100(\%) = 10\%$

⑤ 부채감당률 $= \dfrac{\text{순영업소득}}{\text{부채서비스액}} = \dfrac{1억원}{4,000민원} = 2.5$

04 甲은 아래 조건으로 부동산에 10억원을 투자하였다. 이에 관한 투자분석의 산출값으로 <u>틀린 것</u>은? (단, 주어진 조건에 한함) • 34회

> • 순영업소득(NOI): 2억원/년
> • 원리금상환액: 2,000만원/년
> • 유효총소득승수: 4
> • 지분투자액: 8억원

① 유효총소득은 2억 5천만원
② 부채비율은 25%
③ 지분환원율은 25%
④ 순소득승수는 5
⑤ 종합환원율은 20%

| 해설 |

① 유효총소득 $= \dfrac{\text{총투자액}}{\text{유효총소득승수}} = \dfrac{10억원}{4} = 2억\ 5천만원$

② 부채비율 $= \dfrac{\text{부채총계}}{\text{자본총계}} = \dfrac{2억원}{8억원} \times 100(\%) = 25\%$

③ 지분환원율 $= \dfrac{\text{세전현금흐름}}{\text{지분투자액}} = \dfrac{1억\ 8,000만원}{8억원} \times 100(\%) = 22.5\%$

④ 순소득승수 $= \dfrac{\text{총투자액}}{\text{순영업소득}} = \dfrac{10억원}{2억원} = 5$

⑤ 종합환원율 $= \dfrac{\text{순영업소득}}{\text{총투자액}} = \dfrac{2억원}{10억원} \times 100(\%) = 20\%$

05 다음은 임대주택의 1년간 운영실적 자료이다. 가능총소득에 대한 영업경비비율은? (단, 주어진 조건에 한함)

> • 호당 임대료: 연 5백만원
> • 임대가능 호수: 60호
> • 공실률: 10%
> • 순영업소득: 연 2억 1천만원

① 2.38%　　　　　　　　② 10%

③ 20%　　　　　　　　④ 22.22%

⑤ 30%

| 해설 |

단위당 임대료	500만원
× 임대가능 단위 수	× 60호
가능총소득	3억원
− 공실 및 불량부채	− 3,000만원 (= 3억원 × 0.1)
유효총소득	2억 7,000만원
− 영업경비	− x
순영업소득(NOI)	2억 1,000만원
	∴ 영업경비(x) = 6,000만원

$$\therefore \text{가능총소득에 대한 영업경비비율} = \frac{\text{영업경비}}{\text{가능총소득}} = \frac{6,000\text{만원}}{3\text{억원}} \times 100(\%) = 20\%$$

06 다음의 자료를 이용하여 대상부동산의 대부비율(LTV)을 구하면? (단, 연간 기준이며, 주어진 조건에 한함)

- 순영업소득: 4천만원
- 매매가격: 4억원
- 부채감당률: 2
- 저당상수: 0.1(원리금균등상환방식)

---

① 20%   ② 30%

③ 40%   ④ 50%

⑤ 60%

| 해설 |

1. 부채감당률 $= \dfrac{\text{순영업소득}}{\text{부채서비스액}} = \dfrac{4천만원}{\text{부채서비스액}} = 2$ 이므로 부채서비스액(저당지불액)은 2천만원이다.

2. 부채서비스액 = 저당대부액 × 저당상수이므로

   저당대부액 = 부채서비스액 ÷ 저당상수 = 2천만원 ÷ 0.1 = 2억원

   ∴ 대부비율 $= \dfrac{\text{융자액}}{\text{부동산가치}} = \dfrac{2억원}{4억원} \times 100(\%) = 50\%$

07 비율분석법을 이용하여 산출한 것으로 **틀린** 것은? (단, 주어진 조건에 한하며, 연간 기준임)

> • 주택담보대출액: 1억원
> • 주택담보대출의 연간 원리금상환액: 500만원
> • 부동산가치: 2억원
> • 차입자의 연소득: 1,250만원
> • 가능총소득: 2,000만원
> • 공실손실상당액 및 대손충당금: 가능총소득의 25%
> • 영업경비: 가능총소득의 50%

① 담보인정비율(LTV) = 0.5
② 부채감당률(DCR) = 1.0
③ 총부채상환비율(DTI) = 0.4
④ 채무불이행률(DR) = 1.0
⑤ 영업경비비율(OER, 유효총소득 기준) = 0.8

| 해설 |

가능총소득	2,000만원
− 공실손실상당액 및 대손충당금	− 500만원(= 2,000만원 × 0.25)
유효총소득	1,500만원
− 영업경비	− 1,000만원(= 2,000만원 × 0.5)
순영업소득	500만원

주택담보대출의 연간 원리금상환액은 부채서비스액을 의미하므로 부채서비스액은 500만원이다.

① 담보인정비율(LTV) = $\dfrac{\text{부채잔금(융자액)}}{\text{부동산가치}}$ = $\dfrac{1억원}{2억원}$ = 0.5(50%)

② 부채감당률(DCR) = $\dfrac{\text{순영업소득}}{\text{부채서비스액}}$ = $\dfrac{500만원}{500만원}$ = 1.0

③ 총부채상환비율(DTI) = $\dfrac{\text{연간 부채상환액}}{\text{연간소득액}}$ = $\dfrac{500만원}{1,250만원}$ = 0.4

④ 채무불이행률(DR) = $\dfrac{\text{영업경비 + 부채서비스액}}{\text{유효총소득}}$ = $\dfrac{1,000만원 + 500만원}{1,500만원}$ = 1.0

⑤ 영업경비비율(OER, 유효총소득 기준) = $\dfrac{\text{영업경비}}{\text{유효총소득}}$ = $\dfrac{1,000만원}{1,500만원}$ ≒ 0.67

08 비율분석법을 이용하여 산출한 것으로 **틀린** 것은? (단, 주어진 조건에 한하며, 연간 기준임)

- 주택담보대출액: 2억원
- 주택담보대출의 연간 원리금상환액: 1,000만원
- 부동산가치: 4억원
- 차입자의 연소득: 5,000만원
- 가능총소득: 4,000만원
- 공실손실상당액 및 대손충당금: 가능총소득의 25%
- 영업경비: 가능총소득의 50%

① 담보인정비율(LTV) = 0.5
② 총부채상환비율(DTI) = 0.2
③ 부채감당률(DCR) = 1.0
④ 채무불이행률(DR) = 1.0
⑤ 영업경비비율(OER, 유효총소득 기준) = 0.8

| 해설 |

가능총소득	4,000만원
− 공실손실상당액 및 대손충당금	− 1,000만원(= 4,000만원 × 0.25)
유효총소득	3,000만원
− 영업경비	− 2,000만원(= 4,000만원 × 0.5)
순영업소득	1,000만원

주택담보대출의 연간 원리금상환액은 부채서비스액을 의미하므로 부채서비스액은 1,000만원이다.

① 담보인정비율(LTV) = $\dfrac{\text{부채잔금(융자액)}}{\text{부동산가치}}$ = $\dfrac{2\text{억원}}{4\text{억원}}$ = 0.5(50%)

② 총부채상환비율(DTI) = $\dfrac{\text{연간 부채상환액}}{\text{연간소득액}}$ = $\dfrac{1,000\text{만원}}{5,000\text{만원}}$ = 0.2

③ 부채감당률(DCR) = $\dfrac{\text{순영업소득}}{\text{부채서비스액}}$ = $\dfrac{1,000\text{만원}}{1,000\text{만원}}$ = 1.0

④ 채무불이행률(DR) = $\dfrac{\text{영업경비 + 부채서비스액}}{\text{유효총소득}}$ = $\dfrac{2,000\text{만원} + 1,000\text{만원}}{3,000\text{만원}}$ = 1.0

⑤ 영업경비비율(OER, 유효총소득 기준) = $\dfrac{\text{영업경비}}{\text{유효총소득}}$ = $\dfrac{2,000\text{만원}}{3,000\text{만원}}$ ≒ 0.67

09 다음 자료를 활용하여 산정한 순소득승수, 채무불이행률, 세후현금흐름승수를 순서대로 나열한 것은? (단, 주어진 조건에 한함) • 29회

- 총투자액: 15억원
- 지분투자액: 4억원
- 유효총소득승수: 6
- 영업경비비율(유효총소득 기준): 40%
- 부채서비스액: 6천만원/년
- 영업소득세: 1천만원/년

① 10, 64%, 5
② 10, 64%, 5.5
③ 10, 65%, 5.5
④ 11, 65%, 6
⑤ 11, 66%, 6

| 해설 |

$$유효총소득 = \frac{총투자액}{유효총소득승수} = \frac{15억원}{6} = 2억\ 5,000만원$$

유효총소득	2억 5,000만원
− 영업경비	− 1억원(= 2억 5,000만원 × 0.4)
순영업소득	1억 5,000만원
− 부채서비스액	− 6,000만원
세전현금흐름	9,000만원
− 영업소득세	− 1,000만원
세후현금흐름	8,000만원

1. $순소득승수 = \dfrac{총투자액}{순영업소득} = \dfrac{15억원}{1억\ 5,000만원} = 10$

2. $채무불이행률 = \dfrac{영업경비 + 부채서비스액}{유효총소득} = \dfrac{1억원 + 6,000만원}{2억\ 5,000만원} \times 100(\%) = 64\%$

3. $세후현금흐름승수 = \dfrac{지분투자액}{세후현금흐름} = \dfrac{4억원}{8,000만원} = 5$

10 甲은 시장가치 5억원의 부동산을 인수하고자 한다. 해당 부동산의 부채감당률(DCR)은? (단, 모든 현금유출입은 연말에만 발생하며, 주어진 조건에 한함) • 34회

- 담보인정비율(LTV): 시장가치의 50%
- 연간 저당상수: 0.12
- 가능총소득(PGI): 5,000만원
- 공실손실상당액 및 대손충당금: 가능총소득의 10%
- 영업경비비율: 유효총소득의 28%

① 1.08
② 1.20
③ 1.50
④ 1.67
⑤ 1.80

| 해설 |

- 저당대부액(대출액) = 5억원 × 0.5 = 2억 5,000만원
- 부채서비스액(원리금상환액) = 2억 5,000만원 × 0.12 = 3,000만원

가능총소득	5,000만원
− 공실손실상당액 및 대손충당금	− 500만원(= 5,000만원 × 0.1)
유효총소득	4,500만원
− 영업경비	− 1,260만원(= 4,500만원 × 0.28)
순영업소득	3,240만원

∴ 부채감당률(DCR) = $\dfrac{순영업소득}{부채서비스액}$ = $\dfrac{3,240만원}{3,000만원}$ = 1.08

11 다음은 A부동산 투자에 따른 1년간 예상 현금흐름이다. 종합자본환원율과 부채감당률을 순서대로 나열한 것은? (단, 주어진 조건에 한함)

- 총투자액: 10억원(자기자본 6억원)
- 세전현금흐름: 6,000만원
- 부채서비스액: 4,000만원
- 유효총소득승수: 5

① 10%, 0.4
② 10%, 2.5
③ 15%, 0.4
④ 15%, 2.0
⑤ 20%, 2.5

| 해설 |

1. 순영업소득 = 세전현금수지(세전현금흐름) + 부채서비스액 = 6,000만원 + 4,000만원 = 1억원

$$종합자본환원율 = \frac{순영업소득}{총투자액} = \frac{1억원}{10억원} \times 100(\%) = 10\%$$

2. $부채감당률 = \dfrac{순영업소득}{부채서비스액} = \dfrac{1억원}{4,000만원} = 2.5$

5

부동산금융론

01 LTV & DTI 제약하에 최대 대출가능액을 구하는 문제

대표 문제

현재 5천만원의 기존 주택담보대출이 있는 A씨가 동일한 은행에서 동일한 주택을 담보로 추가대출을 받으려고 한다. 이 은행의 대출승인기준이 다음과 같을 때, A씨가 추가로 대출받을 수 있는 최대 금액은 얼마인가? (단, 제시된 두 가지 대출승인기준을 모두 충족시켜야 하며 주어진 조건에 한함) • 35회

- A씨 담보주택의 담보가치평가액: 5억원
- A씨의 연간 소득: 6천만원
- 연간 저당상수: 0.1
- 대출승인기준
  - 담보인정비율(LTV): 70% 이하
  - 총부채상환비율(DTI): 60% 이하

① 2억원 ② 2억 5천만원
③ 3억원 ④ 3억 2천만원
⑤ 3억 5천만원

| 해설 |

1. 담보인정비율(LTV) = $\dfrac{융자액}{부동산가치}$ = $\dfrac{x}{5억원}$ = 70%

   따라서 최대 대출가능 금액(x)은 3억 5,000만원이다. 즉, 부동산가치가 5억원이므로 LTV 70%를 적용할 경우 최대 대출가능 금액은 3억 5,000만원이다.

2. 총부채상환비율(DTI) = $\dfrac{연간\ 부채상환액}{연간\ 소득액}$ = $\dfrac{x}{6,000만원}$ = 60%

   따라서 연간 부채상환액(x) = 6,000만원 × 0.6 = 3,600만원이다. 즉, A의 연간 소득이 6,000만원이고 DTI를 60% 적용할 경우 총부채의 연간 원리금상환액이 3,600만원을 초과하지 않도록 대출규모가 제한된다. 따라서 연간 부채상환액 3,600만원을 우선 부채서비스액으로 간주한다면 저당대부액 × 저당상수 = 부채서비스액이므로 DTI조건에 의한 대출가능액(저당대부액) = $\dfrac{부채서비스액}{저당상수}$ = $\dfrac{3,600만원}{0.1}$ = 3억 6,000만원이다.

3. 두 가지의 대출승인기준을 모두 충족시켜야 하므로 LTV조건의 3억 5,000만원과 DTI조건의 3억 6,000만원 중 적은 3억 5,000만원이 최대 대출가능 금액이 된다. 그런데 기존 주택담보대출이 5,000만원 존재하므로 추가로 대출가능한 최대 금액은 3억 5,000만원에서 기존 주택담보대출 5,000만원을 뺀 금액이 된다. 따라서 추가로 대출가능한 최대 금액은 3억 5,000만원 − 5,000만원 = 3억원이다.

| 정답 | ③

1. LTV기준
   ⇨ 부동산가치 × LTV = 대출가능액
2. DTI기준
   ⇨ 연간 소득액 × DTI ÷ 저당상수 = 대출가능액

필기 노트 ....

01 120,000,000원의 기존 주택담보대출이 있는 甲은 A은행에서 추가로 주택담보대출을 받고자 한다. A은행의 대출승인기준이 다음과 같을 때, 甲이 추가로 대출가능한 최대 금액은? (단, 문제에서 제시한 것 외의 기타 조건은 고려하지 않음)

> • 甲 소유주택의 담보평가가격: 400,000,000원
> • 甲의 연간소득: 40,000,000원
> • 연간저당상수: 0.1
>   – 담보인정비율(LTV): 70%
>   – 소득대비 부채비율(DTI): 50%
> ※ 두 가지 대출승인기준을 모두 충족시켜야 함

① 60,000,000원   ② 80,000,000원
③ 100,000,000원   ④ 200,000,000원
⑤ 280,000,000원

| 해설 |

1. 담보인정비율(LTV) $= \dfrac{\text{융자액}}{\text{부동산가치}} = \dfrac{x}{4\text{억원}} = 70\%$

   따라서 LTV에 의한 대출가능 금액(x)은 2억 8,000만원이다.

2. 총부채상환비율(DTI) $= \dfrac{\text{연간 부채상환액}}{\text{연간 소득액}} = \dfrac{x}{4{,}000\text{만원}} = 50\%$

   따라서 연간 부채상환액(x) = 4,000만원 × 0.5 = 2,000만원이다. 즉, 연간 부채상환액 2,000만원을 부채서비스액으로 간주한다면 저당대부액 × 저당상수 = 부채서비스액이므로

   DTI조건에 의한 대출가능액(저당대부액) $= \dfrac{\text{부채서비스액}}{\text{저당상수}} = \dfrac{2{,}000\text{만원}}{0.1} = 2\text{억원}$

3. 두 가지의 대출승인기준을 모두 충족시켜야 하므로 LTV조건의 2억 8,000만원과 DTI조건의 2억원 중 적은 2억원이 최대 대출가능 금액이 된다. 그런데 기존 부동산담보대출 1억 2,000만원이 존재하므로 추가로 대출가능한 최대 금액은 2억원에서 기존 주택담보대출 1억 2,000만원을 뺀 금액이 된다.

따라서 추가로 대출가능한 최대 금액은 2억원 – 1억 2,000만원 = 8,000만원이다.

02 주택담보대출을 희망하는 A의 소유 주택 시장가치가 3억원이고 연소득이 5,000만원이며 다른 부채가 없다면, A가 받을 수 있는 최대 대출가능 금액은? (단, 주어진 조건에 한함) • 26회

> • 연간 저당상수: 0.1
> • 대출승인기준
>   – 담보인정비율(LTV): 시장가치기준 60%
>   – 총부채상환비율(DTI): 40%
>   ※ 두 가지 대출승인기준을 모두 충족시켜야 함

① 1억원
② 1억 5,000만원
③ 1억 8,000만원
④ 2억원
⑤ 2억 2,000만원

| 해설 |

1. 담보인정비율(LTV) $= \dfrac{융자액}{부동산가치} = \dfrac{x}{3억원} = 60\%$

   따라서 LTV에 의한 대출가능액(x)은 1억 8,000만원이다.

2. 총부채상환비율(DTI) $= \dfrac{연간\ 부채상환액}{연간\ 소득액} = \dfrac{x}{5,000만원} = 40\%$

   따라서 연간 부채상환액(원리금상환액)(x) = 5,000만원 × 0.4 = 2,000만원이다. 저당대부액 × 저당상수 = 부채서비스액이므로

   DTI조건에 의한 대출가능액(저당대부액) $= \dfrac{부채서비스액}{저당상수} = \dfrac{2,000만원}{0.1} = 2억원$이 된다.

3. 두 가지의 대출승인기준을 모두 충족시켜야 하는데, 다른 부채가 없다고 가정하므로 LTV조건의 1억 8,000만원과 DTI조건의 2억원 중 적은 1억 8,000만원이 최대 대출가능 금액이 된다.

03 담보인정비율(LTV)과 차주상환능력(DTI)이 상향 조정되었다. 이 경우 A가 기존 주택담보대출금액을 고려한 상태에서 추가로 대출가능한 최대 금액은? (단, 금융기관의 대출승인기준은 다음과 같고, 다른 조건은 동일함)

• 25회

> • 담보인정비율(LTV): 60% ⇨ 70%로 상향
> • 차주상환능력(DTI): 50% ⇨ 60%로 상향
> • A 소유 주택의 담보평가가격: 3억원
> • A 소유 주택의 기존 주택담보대출금액: 1.5억원
> • A의 연간 소득: 3천만원
> • 연간 저당상수: 0.1
> ※ 담보인정비율(LTV)과 차주상환능력(DTI)은 모두 충족시켜야 함

① 2천만원   ② 3천만원
③ 4천만원   ④ 5천만원
⑤ 6천만원

| 해설 |

1. 담보인정비율(LTV) $= \dfrac{융자액}{부동산가치} = \dfrac{x}{3억원} = 70\%$

    따라서 LTV에 의한 대출가능액(x)은 2억 1,000만원이다.

2. 총부채상환비율(DTI) $= \dfrac{연간\ 부채상환액}{연간\ 소득액} = \dfrac{x}{3,000만원} = 60\%$

    따라서 연간 부채상환액(x) = 3,000만원 × 0.6 = 1,800만원이다. 즉, 연간 부채상환액 1,800만원을 부채서비스액으로 간주한다면 저당대부액 × 저당상수 = 부채서비스액이므로

    DTI조건에 의한 대출가능액 $= \dfrac{부채서비스액}{저당상수} = \dfrac{1,800만원}{0.1} = 1억\ 8,000만원$이 된다.

3. 두 가지의 대출승인기준을 모두 충족시켜야 하므로 LTV조건의 2억 1,000만원과 DTI조건의 1억 8,000만원 중 적은 1억 8,000만원이 최대 대출가능 금액이 된다. 그런데 기존 부동산담보대출이 1억 5,000만원 존재하므로 추가 대출가능한 최대 금액은 1억 8,000만원에서 기존 주택담보대출 1억 5,000만원을 뺀 금액이 된다.

따라서 추가로 대출가능한 최대 금액은 1억 8,000만원 – 1억 5,000만원 = 3,000만원이다.

04 A는 연 소득이 5,000만원이고 시장가치가 3억원인 주택을 소유하고 있다. 현재 A가 이 주택을 담보로 5,000만원을 대출받고 있을 때, 추가로 대출가능한 최대 금액은? (단, 주어진 조건에 한함)

• 31회

- 연간 저당상수: 0.1
- 대출승인기준
  - 담보인정비율(LTV): 시장가치기준 50% 이하
  - 총부채상환비율(DTI): 40% 이하
  ※ 두 가지 대출승인기준을 모두 충족하여야 함

① 5,000만원
② 7,500만원
③ 1억원
④ 1억 5,000만원
⑤ 2억원

| 해설 |

1. 담보인정비율(LTV) $= \dfrac{\text{융자액}}{\text{부동산가치}} = \dfrac{x}{3억원} = 50\%$이므로 최대 대출가능 금액($x$)은 1억 5,000만원이다.

   즉, 부동산가치가 3억원이므로 LTV 50%를 적용할 경우 최대 대출가능 금액은 1억 5,000만원이다.

2. 총부채상환비율(DTI) $= \dfrac{\text{연간 부채상환액}}{\text{연간 소득액}} = \dfrac{x}{5,000만원} = 40\%$이므로 연간 부채상환액($x$) = 5,000만원

   × 0.4 = 2,000만원이다. 즉, A의 연간소득이 5,000만원이고 DTI를 40% 적용할 경우 총부채의 연간 원리금상환액이 2,000만원을 초과하지 않도록 대출규모가 제한된다. 따라서 연간 부채상환액 2,000만원을 우선 부채서비스액으로 간주한다면 저당대부액 × 저당상수 = 부채서비스액이므로

   DTI조건에 의한 대출가능액(저당대부액) $= \dfrac{\text{부채서비스액}}{\text{저당상수}} = \dfrac{2,000만원}{0.1} = 2억원$이 된다.

3. 두 가지의 대출승인기준을 모두 충족시켜야 하므로 LTV조건의 1억 5,000만원과 DTI조건의 2억원 중 적은 1억 5,000만원이 최대 대출가능 금액이 된다. 그런데 기존 주택담보대출 5,000만원이 존재하므로 추가로 대출가능한 최대 금액은 1억 5,000만원에서 기존 주택담보대출 5,000만원을 뺀 금액이 된다. 따라서 추가로 대출가능한 최대 금액은 1억 5,000만원 − 5,000만원 = 1억원이다.

05 서울에 거주하는 A가 다음과 같이 시중은행에서 주택을 담보로 대출을 받고자 할 때 A가 받을 수 있는 최대 대출가능 금액은? •19회

- 대출승인기준
  - 담보인정비율(LTV) 60%
  - 소득 대비 부채비율(DTI) 40%
  (두 가지의 대출승인기준을 모두 충족시켜야 함)
- A의 서울 소재 주택의 담보평가가격: 500,000,000원
- A의 연간 소득: 60,000,000원
- 기존대출: 연간 12,000,000원 부채상환
- 연간 저당상수: 0.12(단, 상환방법은 원리금 균등분할상환임)

---

① 100,000,000원   ② 150,000,000원
③ 200,000,000원   ④ 240,000,000원
⑤ 300,000,000원

| 해설 |

1. 담보인정비율(LTV) $= \dfrac{\text{융자액}}{\text{부동산가치}} = \dfrac{x}{500{,}000{,}000원} = 60\%$

   따라서 LTV에 의한 대출가능액(x)은 300,000,000원이다.

2. 소득 대비 부채비율(DTI, 총부채상환비율) $= \dfrac{\text{연간 부채상환액}}{\text{연간 소득}} = \dfrac{x}{60{,}000{,}000원} = 40\%$

   따라서 연간 부채상환액(원리금상환액)(x) = 60,000,000원 × 0.4 = 24,000,000원이다.
   저당대부액 × 저당상수 = 부채서비스액이므로

   저당대부액 $= \dfrac{\text{부채서비스액}}{\text{저당상수}} = \dfrac{24{,}000{,}000원}{0.12} = 200{,}000{,}000원$이 된다.

3. 두 가지의 대출승인기준을 모두 충족시켜야 하므로 LTV조건의 300,000,000원과 DTI조건의 200,000,000원 중 적은 200,000,000원이 최대 대출가능 금액이 되어야 한다. 그런데 기존 사업자금대

   출에 의한 연간 부채상환액이 12,000,000원 존재하므로 기존 저당대부액은 $\dfrac{\text{부채서비스액}}{\text{저당상수}} = \dfrac{12{,}000{,}000원}{0.12}$

   = 100,000,000원이다.

따라서 추가로 대출가능한 최대 금액은 200,000,000원에서 100,000,000원을 뺀 100,000,000원이 된다.

02 LTV & DCR 제약하에 최대 대출가능액을 구하는 문제

대표 문제

시장가격이 5억원이고 순영업소득이 연 1억원인 상가를 보유하고 있는 A가 추가적으로 받을 수 있는 **최대 대출가능 금액**은? (단, 주어진 조건에 한함) · 27회

- 연간 저당상수: 0.2
- 대출승인 조건(모두 충족하여야 함)
  - 담보인정비율(LTV): 시장가격기준 60% 이하
  - 부채감당률(DCR): 2 이상
- 상가의 기존 저당대출금: 1억원

① 1억원
② 1억 5천만원
③ 2억원
④ 2억 5천만원
⑤ 3억원

| 해설 |

1. 담보인정비율(LTV) $= \dfrac{융자액}{부동산가치} = \dfrac{x}{5억원} \times 100(\%) = 60\%$이므로 대출가능액($x$)은 3억원이다.

2. 부채감당률(DCR) $= \dfrac{순영업소득}{부채서비스액} = \dfrac{1억원}{x} = 2$이므로 부채서비스액($x$)은 5,000만원이다.

   저당대부액 × 저당상수 = 부채서비스액이므로 대출가능액(x) $= \dfrac{부채서비스액}{저당상수} = \dfrac{5,000}{0.2} = 2억 \ 5,000만원$이 된다.

3. 두 가지의 대출승인기준을 모두 충족시켜야 하므로 LTV조건과 부채감당률 조건의 대출가능액 중 적은 2억 5,000만원이 최대 대출가능 금액이 된다. 그런데 상가의 기존 저당대출금이 1억원 존재하므로 추가로 대출 가능한 최대 금액은 2억 5,000만원에서 1억원을 뺀 1억 5,000만원이 된다.

| 정답 | ②

방's KEY POINT

1. LTV기준
   ⇨ 부동산가치 × LTV = 대출가능액
2. DCR기준
   ⇨ 순영업소득 ÷ DCR ÷ 저당상수 = 대출가능액

01 시장가격이 4억원이고 순영업소득이 연 6,000만원인 상가를 보유하고 있는 A가 추가적으로 받을 수 있는 최대 대출가능 금액은? (단, 주어진 조건에 한함)

- 연간 저당상수: 0.2
- 대출승인 조건(모두 충족하여야 함)
  - 담보인정비율(LTV): 시장가격기준 60% 이하
  - 부채감당률(DCR): 1.5 이상
- 상가의 기존 저당대출금: 8,000만원

① 1억원   ② 1억 2천만원
③ 2억원   ④ 2억 5천만원
⑤ 3억원

| 해설 |

1. 담보인정비율(LTV) $= \dfrac{융자액}{부동산가치} = \dfrac{x}{4억원} \times 100(\%) = 60\%$이므로 대출가능액($x$)은 2억 4,000만원이다.

2. 부채감당률(DCR) $= \dfrac{순영업소득}{부채서비스액} = \dfrac{6,000만원}{x} = 1.5$이므로 부채서비스액($x$)은 4,000만원이다.

   저당대부액 × 저당상수 = 부채서비스액이므로 대출가능액(x) $= \dfrac{부채서비스액}{저당상수} = \dfrac{4,000만원}{0.2} = 2억원$이다.

3. 두 가지의 대출승인기준을 모두 충족시켜야 하므로 LTV조건과 부채감당률 조건의 대출가능액 중 적은 2억원이 최대 대출가능 금액이 된다. 그런데 상가의 기존 저당대출금이 8,000만원 존재하므로 추가로 대출가능한 최대 금액은 2억원에서 8,000만원을 뺀 1억 2,000만원이 된다.

02 대출기관에서 부동산의 담보평가 시 자산가치와 현금수지를 기준으로 최대 담보대출가능 금액을 산정하는 경우, 다음 조건이 명시된 대상부동산의 최대 대출가능 금액은 각각 얼마인가? (다만, 다른 조건은 동일함)

• 21회

> • 대상부동산의 자산가치: 20억원
> • 순영업소득: 1.2억원
> • 대부비율: 60%
> • 저당상수: 0.1
> • 부채감당률: 1.5

	자산가치기준	현금수지기준
①	2억원	12억원
②	3.5억원	12억원
③	12억원	3.5억원
④	12억원	7.2억원
⑤	12억원	8억원

| 해설 |

1. 자산가치기준

   대부비율 $= \dfrac{\text{융자액}}{\text{부동산가치}} = \dfrac{x}{20\text{억원}} \times 100(\%) = 60\%$

   따라서 대출가능액$(x) = 12$억원이다.

2. 현금수지기준

   부채감당률 $= \dfrac{\text{순영업소득}}{\text{부채서비스액}} = \dfrac{1.2\text{억원}}{x} = 1.5$이므로 부채서비스액$(x) = 8,000$만원이다.

   따라서 대출가능액$(x) = \dfrac{8,000\text{만원}}{0.1} = 8$억원이다.

03 원금균등상환 조건에서 원리금을 구하는 문제

대표 문제

어떤 사람이 주택을 구입하기 위하여 은행으로부터 24,000,000원을 연이자율 5%, 10년간, 매월 상환조건으로 대출받았다. 원금균등분할상환 조건일 경우, 첫 회에 상환해야 할 원금과 이자의 합계는 얼마인가? •15회 추가

① 100,000원   ② 200,000원

③ 240,000원   ④ 300,000원

⑤ 350,000원

| 해설 |

• 첫 회 상환할 원금액: 24,000,000원 ÷ 120개월(10년) = 200,000원
• 첫 회 지급할 이자액: (24,000,000원 × 0.05) ÷ 12개월 = 100,000원
• 첫 회 상환해야 할 원금과 이자의 합계는 200,000원 + 100,000원 = 300,000원이다.

| 정답 | ④

방's KEY POINT

1. 매회 원금상환액: 저당대부액 ÷ 융자기간(납입횟수) = ○원
2. 첫 회 이자: 저당대부액 × 연이자율 = ○원
   ⇨ (저당대부액 × 연이자율) ÷ 12개월 = ○원
3. 첫 회 원리금상환액: 첫 회 원금상환액 + 이자액 = ○원

| 필기 노트 |

01 주택구입을 위해 은행으로부터 2억원을 대출받았다. 대출조건이 다음과 같을 때, 2회차에 상환해야 할 원리금은? (단, 주어진 조건에 한함) •26회

> • 대출금리: 고정금리, 연 5%
> • 대출기간: 20년
> • 원리금 상환조건: 원금균등상환방식으로 연 단위로 매기 말 상환

① 1,800만원
② 1,850만원
③ 1,900만원
④ 1,950만원
⑤ 2,000만원

| 해설 |
• 매 기간 원금상환액: 2억원 ÷ 20년 = 1,000만원
• 1년 말까지의 원금상환액: 1,000만원 × 1 = 1,000만원
• 1년 말의 대출잔액(저당잔금): 2억원 − 1,000만원 = 1억 9,000만원
• 2년 말의 이자지급액: 1억 9,000만원 × 0.05 = 950만원
따라서 2년 말의 원리금상환액은 1,000만원 + 950만원 = 1,950만원이다.

02 어떤 사람이 주택을 구입하기 위하여 은행으로부터 3억원을 연이자율 6%, 10년간 매년 상환조건으로 대출받았다. 원금균등분할상환 조건일 경우, 3년 말에 상환해야 할 원금과 이자의 합계는 얼마인가?

① 4,440만원
② 5,250만원
③ 5,500만원
④ 6,500만원
⑤ 7,230만원

| 해설 |
• 매 기간 원금상환액: 3억원 ÷ 10년 = 3,000만원
• 2년 말까지의 원금상환액: 3,000만원 × 2 = 6,000만원
• 2년 말의 대출잔액(저당잔금): 3억원 − 6,000만원 = 2억 4,000만원
• 3년 말의 이자지급액: 2억 4,000만원 × 0.06 = 1,440만원
따라서 3년 말의 원리금상환액은 3,000만원 + 1,440만원 = 4,440만원이다.

03 A씨는 주택을 구입하기 위해 은행으로부터 5억원을 대출받았다. 은행의 대출조건이 다음과 같을 때, 9회차에 상환할 원리금상환액과 13회차에 납부하는 이자납부액을 순서대로 나열한 것은? (단, 주어진 조건에 한함) •28회

> • 대출금리: 고정금리, 연 5%
> • 대출기간: 20년
> • 원리금 상환조건: 원금균등상환방식이고, 연 단위 매기 말 상환

① 4,000만원, 1,000만원
② 4,000만원, 1,100만원
③ 4,500만원, 1,000만원
④ 4,500만원, 1,100만원
⑤ 5,000만원, 1,100만원

| 해설 |

1. 9회차에 상환할 원리금상환액
   • 매 기간 원금상환액: 5억원 ÷ 20년 = 2,500만원
   • 8회차까지의 원금상환액: 2,500만원 × 8회 = 2억원
   • 8회차의 대출잔액(저당잔금): 5억원 − 2억원 = 3억원
   • 9회차의 이자지급액: 3억원 × 0.05 = 1,500만원
   따라서 9회차의 원리금상환액은 2,500만원 + 1,500만원 = 4,000만원이다.
2. 13회차에 납부할 이자납부액
   • 12회차까지의 원금상환액: 2,500만원 × 12회 = 3억원
   • 12회차의 대출잔액(저당잔금): 5억원 − 3억원 = 2억원
   따라서 13회차의 이자납부액은 2억원 × 0.05 = 1,000만원이다.

04 A는 주택 구입을 위해 연초에 6억원을 대출받았다. A가 받은 대출조건이 다음과 같을 때, (㉠)대출금리와 3회차에 상환할 (㉡)원리금은? (단, 주어진 조건에 한함) •32회

- 대출금리: 고정금리
- 대출기간: 30년
- 원리금 상환조건: 원금균등상환방식 매년 말 연단위로 상환
- 1회차 원리금상환액: 4,400만원

① ㉠: 연 4%, ㉡: 4,240만원
② ㉠: 연 4%, ㉡: 4,320만원
③ ㉠: 연 5%, ㉡: 4,240만원
④ ㉠: 연 5%, ㉡: 4,320만원
⑤ ㉠: 연 6%, ㉡: 4,160만원

| 해설 |

㉠ 대출금리
- 매 기간 원금상환액: 6억원 ÷ 30년 = 2,000만원
- 1회차에 지급해야 할 이자지급액: 4,400만원 − 2,000만원 = 2,400만원
따라서 대출금리는 2,400만원 ÷ 6억원 = 0.04(4%)이다.
㉡ 3회차에 상환할 원리금
- 2회차까지의 원금상환액: 2,000만원 × 2회 = 4,000만원
- 2회차 말 대출잔액: 6억원 − 4,000만원 = 5억 6,000만원
- 3회차 이자지급액: 5억 6,000만원 × 0.04 = 2,240만원
따라서 3회차에 상환할 원리금은 2,000만원 + 2,240만원 = 4,240만원이다.

04 원리금균등상환 조건에서 원금을 구하는 문제

대표 문제

가격이 10억원인 아파트를 구입하기 위해 3억원을 대출받았다. 대출이자율은 연리 7%이며, 20년간 원리금균등분할상환방식으로 매년 상환하기로 하였다. 첫 회에 상환해야 할 원금은? (단, 연리 7%, 기간 20년의 저당상수는 0.094393이며, 매기 말에 상환하는 것으로 한다) • 17회

① 7,290,000원
② 7,317,900원
③ 8,127,400원
④ 8,647,200원
⑤ 8,951,200원

| 해설 |

• 매회 원리금(저당지불액): 3억원 × 0.094393 = 28,317,900원
• 첫 회 지급해야 할 이자: 3억원 × 0.07 = 21,000,000원
• 첫 회 상환해야 할 원금은 28,317,900원 − 21,000,000원 = 7,317,900원이다.

| 정답 | ②

방's KEY POINT

1. 매 회 원리금상환액: 저당대부액 × 저당상수 = ○원
2. 첫 회 이자: 저당대부액 × 연이자율 = ○원
3. 첫 회 원금: 매 회 원리금상환액 − 첫 회 이자 = ○원

> 저당상수 = 원금회수율 + 이자수익률
> 원금회수율 = 저당상수 − 이자수익률

필기 노트

01 어떤 사람이 가격이 5억원인 아파트를 구입하기 위해 2억원을 대출받았다. 대출이자율은 연리 6%이며, 15년간 원리금균등분할상환방식으로 매년 상환하기로 하였다. 첫 회에 상환해야 할 원금은? (단, 연리 6%, 기간 15년의 저당상수는 0.102963이며, 매기 말에 상환하는 것으로 함)

① 6,253,300원　　　　　　　　　② 7,013,500원

③ 7,523,700원　　　　　　　　　④ 8,592,600원

⑤ 9,253,200원

| 해설 |
- 매회 원리금(저당지불액): 2억원 × 0.102963 = 20,592,600원
- 첫 회 지급해야 할 이자: 2억원 × 0.06 = 12,000,000원
- 첫 회 상환해야 할 원금은 20,592,600원 − 12,000,000원 = 8,592,600원이다.

02 A씨는 8억원의 아파트를 구입하기 위해 은행으로부터 4억원을 대출받았다. 은행의 대출조건이 다음과 같을 때, A씨가 2회차에 상환할 원금과 3회차에 납부할 이자액을 순서대로 나열한 것은? (단, 주어진 조건에 한함)
　•29회

- 대출금리: 고정금리, 연 6%
- 대출기간: 20년
- 저당상수: 0.087
- 원리금 상환조건: 원리금균등상환방식, 연 단위 매기간 말 상환

① 10,800,000원, 23,352,000원　　　② 11,448,000원, 22,665,120원

③ 11,448,000원, 23,352,000원　　　④ 12,134,880원, 22,665,120원

⑤ 12,134,880원, 23,352,000원

| 해설 |
1. 2회차에 상환할 원금상환액
   - 매회의 원리금(저당지불액): 4억원 × 0.087 = 3,480만원
   - 1회차에 지급해야 할 이자: 4억원 × 0.06 = 2,400만원
   - 1회차에 상환해야 할 원금: 3,480만원 − 2,400만원 = 1,080만원
   - 1회차 대출잔액(저당잔금): 4억원 − 1,080만원 = 389,200,000원
   - 2회차에 지급해야 할 이자: 389,200,000원 × 0.06 = 23,352,000원
   따라서 2회차에 상환해야 할 원금은 34,800,000원 − 23,352,000원 = 11,448,000원이다.
2. 3회차에 납부할 이자액
   - 2회차 대출잔액(저당잔금): 389,200,000원 − 11,448,000원 = 377,752,000원
   따라서 3회차에 납부해야 할 이자는 377,752,000원 × 0.06 = 22,665,120원이다.

| 정답 | 01 ④ 02 ②

03 A씨는 5억원의 아파트를 구입하기 위해 은행으로부터 3억원을 대출받았다. 은행의 대출조건이 다음과 같을 때, A씨가 2회차에 상환할 원금과 3회차에 납부할 이자액을 순서대로 나열한 것은? (단, 주어진 조건에 한함)

- 대출금리: 고정금리, 연 5%
- 대출기간: 20년
- 저당상수: 0.09
- 원리금 상환조건: 원리금균등상환방식, 연 단위 매기간 말 상환

① 10,800,000원, 13,352,000원

② 11,448,000원, 12,665,120원

③ 11,448,000원, 13,352,000원

④ 12,134,880원, 13,770,000원

⑤ 12,600,000원, 13,770,000원

| 해설 |

1. 2회차에 상환할 원금상환액
   - 매회의 원리금(저당지불액): 3억원 × 0.09 = 2,700만원
   - 1회차에 지급해야 할 이자: 3억원 × 0.05 = 1,500만원
   - 1회차에 상환해야 할 원금: 2,700만원 − 1,500만원 = 1,200만원
   - 1회차 대출잔액(저당잔금): 3억원 − 1,200만원 = 288,000,000원
   - 2회차에 지급해야 할 이자: 288,000,000원 × 0.05 = 14,400,000원
   따라서 2회차에 상환해야 할 원금은 27,000,000원 − 14,400,000원 = 12,600,000원이다.
2. 3회차에 납부할 이자액
   - 2회차 대출잔액(저당잔금): 288,000,000원 − 12,600,000원 = 275,400,000원
   따라서 3회차에 납부해야 할 이자는 275,400,000원 × 0.05 = 13,770,000원이다.

04 A는 아파트를 구입하기 위해 은행으로부터 연초에 4억원을 대출받았다. A가 받은 대출의 조건이 다음과 같을 때, 대출금리(㉠)와 2회차에 상환할 원금(㉡)은? (단, 주어진 조건에 한함) •31회

> • 대출금리: 고정금리
> • 대출기간: 20년
> • 연간 저당상수: 0.09
> • 1회차 원금상환액: 1,000만원
> • 원리금 상환조건: 원리금균등상환방식, 매년 말 연단위 상환

① ㉠: 연간 5.5%, ㉡: 1,455만원
② ㉠: 연간 6.0%, ㉡: 1,260만원
③ ㉠: 연간 6.0%, ㉡: 1,455만원
④ ㉠: 연간 6.5%, ㉡: 1,065만원
⑤ ㉠: 연간 6.5%, ㉡: 1,260만원

| 해설 |
㉠ 대출금리
　　• 매회의 원리금(저당지불액): 4억원 × 0.09 = 3,600만원
　　• 1회차 원금: 3,600만원 − 이자지급액(x) = 1,000만원
　　따라서 이자지급액(x)은 2,600만원이다.
　　• 1회차 이자지급액: 4억원 × 대출금리(x) = 2,600만원
　　따라서 대출금리(x)는 2,600만원 ÷ 4억원 = 0.065(6.5%)이다.
㉡ 2회차에 상환할 원금
　　• 1회차 대출잔액(저당잔금): 4억원 − 1,000만원 = 3억 9,000만원
　　• 2회차 이자지급액: 3억 9,000만원 × 0.065 = 2,535만원
　　따라서 2회차에 상환할 원금은 3,600만원 − 2,535만원 = 1,065만원이다.

05 甲은 아파트를 구입하기 위해 A은행으로부터 연초에 5억원을 대출받았다. 甲이 받은 대출조건이 다음과 같을 때, 대출금리(㉠)와 2회차에 상환할 원금(㉡)은? (단, 주어진 조건에 한함)

- 대출금리: 고정금리
- 대출기간: 20년
- 연간 저당상수: 0.09
- 1회차 원금상환액: 1,500만원
- 원리금 상환조건: 원리금균등상환방식, 매년 말 연단위 상환

① ㉠: 연간 5%, ㉡: 1,590만원
② ㉠: 연간 6%, ㉡: 1,590만원
③ ㉠: 연간 6%, ㉡: 2,910만원
④ ㉠: 연간 6.5%, ㉡: 2,065만원
⑤ ㉠: 연간 6.5%, ㉡: 2,910만원

| 해설 |

㉠ 대출금리

원리금균등상환에서 원리금은 저당대부액에 저당상수를 곱하여 구한다. 즉, 원리금(저당지불액) = 저당대부액 × 저당상수이다.

따라서 매회의 원리금(저당지불액)은 5억원 × 0.09 = 4,500만원이다.

또한 1회차에 상환해야 할 원금은 1,500만원이므로 4,500만원 − 이자지급액 = 1,500만원이며, 이자지급액은 3,000만원이다.

따라서 1회차에 지급해야 할 이자지급액은 5억원 × 대출금리(x) = 3,000만원이며, 대출금리(x)는 3,000만원 ÷ 5억원 = 0.06(6%)이다.

㉡ 2회차에 상환할 원금

1회차 대출잔액(저당자금)은 5억원 − 1,500만원 = 4억 8,500만원이며, 2회차에 지급해야 할 이자지급액은 4억 8,500만원 × 0.06 = 2,910만원이다.

따라서 2회차에 상환해야 할 원금은 4,500만원 − 2,910만원 = 1,590만원이다.

어제의 비 때문에
오늘까지 젖어 있지 말고,
내일의 비 때문에
오늘부터 우산을 펴지 마라.

– 이수경, 『낯선 것들과 마주하기』, 한울

6

부동산개발 및 관리론

01 입지계수를 구하는 문제

다음 표에서 A지역 부동산 산업의 입지계수(locational quotient)를 구하시오.   • 16회

지역별 산업생산액

(단위: 억원)

산업/지역	A	B	전국
부동산	100	400	500
기타	200	200	400
전체	300	600	900

① 0.5   ② 0.6

③ 0.75   ④ 1.2

⑤ 1.5

| 해설 |

$$입지계수(LQ) = \dfrac{\dfrac{\text{A지역 부동산의 생산액}}{\text{A지역의 전체산업의 생산액}}}{\dfrac{\text{국가 전체의 부동산의 생산액}}{\text{국가 전체의 전체산업의 생산액}}} = \dfrac{\dfrac{100}{300}}{\dfrac{500}{900}} = \dfrac{9}{15} = 0.6$$

| 정답 | ②

필기 노트

01 각 지역과 산업별 고용자 수가 다음과 같을 때, A지역 X산업과 B지역 Y산업의 입지계수(LQ)를 올바르게 계산한 것은? (단, 주어진 조건에 한하며, 결과값은 소수점 셋째 자리에서 반올림함)

• 30회

구분		A지역	B지역	전지역 고용자 수
X산업	고용자 수	100	140	240
	입지계수	(㉠)	1.17	
Y산업	고용자 수	100	60	160
	입지계수	1.25	(㉡)	
고용자 수 합계		200	200	400

① ㉠: 0.75, ㉡: 0.83

② ㉠: 0.75, ㉡: 1.33

③ ㉠: 0.83, ㉡: 0.75

④ ㉠: 0.83, ㉡: 1.20

⑤ ㉠: 0.83, ㉡: 1.33

| 해설 |

㉠ A지역 X산업의 입지계수(LQ)

$$LQ = \frac{\frac{100}{200}}{\frac{240}{400}} \fallingdotseq 0.83$$

㉡ B지역 Y산업의 입지계수(LQ)

$$LQ = \frac{\frac{60}{200}}{\frac{160}{400}} = 0.75$$

| 정답 | 01 ③

02 다음은 각 산업별, 도시별 고용자 수에 대한 통계이다. 고용자 수의 상대적 비율을 이용한 입지계수(locational coefficient, locational quotient)로 볼 때, A도시가 B도시에 비해 특화되어 있는 산업은 어떤 산업인가?
• 18회

산업 구분	전국	A도시	B도시
제조업	4,000명	300명	1,200명
금융업	5,000명	500명	1,500명
부동산업	1,000명	200명	300명
합계	10,000명	1,000명	3,000명

① 제조업
② 금융업
③ 부동산업
④ 모든 산업에 특화되어 있다.
⑤ 특화되어 있는 산업이 없다.

| 해설 |

부동산업의 경우 A도시가 B도시보다 특화되어 있다.

구분	A도시	B도시
제조업의 입지계수	$LQ = \dfrac{\dfrac{300}{1,000}}{\dfrac{4,000}{10,000}} = 0.75$	$LQ = \dfrac{\dfrac{1,200}{3,000}}{\dfrac{4,000}{10,000}} = 1$
금융업의 입지계수	$LQ = \dfrac{\dfrac{500}{1,000}}{\dfrac{5,000}{10,000}} = 1$	$LQ = \dfrac{\dfrac{1,500}{3,000}}{\dfrac{5,000}{10,000}} = 1$
부동산업의 입지계수	$LQ = \dfrac{\dfrac{200}{1,000}}{\dfrac{1,000}{10,000}} = 2$	$LQ = \dfrac{\dfrac{300}{3,000}}{\dfrac{1,000}{10,000}} = 1$

03 다음은 각 도시별, 산업별 고용자 수를 나타낸 표이다. 섬유산업의 입지계수가 높은 도시 순으로 나열된 것은? (다만, 전국에 세 개의 도시와 두 개의 산업만이 존재한다고 가정함) • 21회

(단위: 수)

구분	섬유산업	전자산업	전체 산업
A	250	150	400
B	250	250	500
C	500	600	1,100
전국	1,000	1,000	2,000

① A > B > C
② A > C > B
③ B > C > A
④ C > A > B
⑤ C > B > A

| 해설 |

구분	섬유	전자
A도시	$LQ = \dfrac{\dfrac{250}{400}}{\dfrac{1,000}{2,000}} = 1.25$	$LQ = \dfrac{\dfrac{150}{400}}{\dfrac{1,000}{2,000}} = 0.75$
B도시	$LQ = \dfrac{\dfrac{250}{500}}{\dfrac{1,000}{2,000}} = 1$	$LQ = \dfrac{\dfrac{250}{500}}{\dfrac{1,000}{2,000}} = 1$
C도시	$LQ = \dfrac{\dfrac{500}{1,100}}{\dfrac{1,000}{2,000}} ≒ 0.9$	$LQ = \dfrac{\dfrac{600}{1,100}}{\dfrac{1,000}{2,000}} ≒ 1.09$

따라서 섬유산업의 입지계수가 높은 순은 A > B > C이다.

04 각 지역과 산업별 고용자 수가 다음과 같을 때, A지역과 B지역에서 입지계수(LQ)에 따른 기반산업의 개수는? (단, 주어진 조건에 한하며, 결과 값은 소수점 셋째 자리에서 반올림함) • 32회

구분		A지역	B지역	전지역 고용자 수
X산업	고용자 수	30	50	80
	입지계수	0.79	?	
Y산업	고용자 수	30	30	60
	입지계수	?	?	
Z산업	고용자 수	30	20	50
	입지계수	?	0.76	
고용자 수 합계		90	100	190

① A지역: 0개, B지역: 1개 ② A지역: 1개, B지역: 0개
③ A지역: 1개, B지역: 1개 ④ A지역: 1개, B지역: 2개
⑤ A지역: 2개, B지역: 1개

| 해설 |

$$입지계수(LQ) = \frac{\dfrac{A지역\ X산업의\ 고용자\ 수}{A지역\ 전체\ 산업의\ 고용자\ 수}}{\dfrac{전국\ X산업의\ 고용자\ 수}{전국\ 전체\ 산업의\ 고용자\ 수}}$$

구분	A지역	B지역
X산업의 입지계수	$LQ = \dfrac{\frac{30}{90}}{\frac{80}{190}} \fallingdotseq 0.79$	$LQ = \dfrac{\frac{50}{100}}{\frac{80}{190}} \fallingdotseq 1.19$
Y산업의 입지계수	$LQ = \dfrac{\frac{30}{90}}{\frac{60}{190}} \fallingdotseq 1.06$	$LQ = \dfrac{\frac{30}{100}}{\frac{60}{190}} = 0.95$
Z산업의 입지계수	$LQ = \dfrac{\frac{30}{90}}{\frac{50}{190}} \fallingdotseq 1.27$	$LQ = \dfrac{\frac{20}{100}}{\frac{50}{190}} = 0.76$

A지역에서 입지계수(LQ)에 따른 기반산업은 Y산업과 Z산업이며, B지역에서 입지계수(LQ)에 따른 기반산업은 X산업이다. 따라서 A지역과 B지역에서 입지계수(LQ)에 따른 기반산업의 개수는 A지역: 2개, B지역: 1개이다.

05 X와 Y지역의 산업별 고용자 수가 다음과 같을 때, X지역의 입지계수(LQ)에 따른 기반산업의 개수는? (단, 주어진 조건에 한함) • 34회

구분	X지역	Y지역	전지역
A산업	30	50	80
B산업	50	40	90
C산업	60	50	110
D산업	100	20	120
E산업	80	60	140
전산업 고용자 수	320	220	540

① 0개
② 1개
③ 2개
④ 3개
⑤ 4개

| 해설 |

구분	X지역	Y지역
A산업	$LQ = \dfrac{\frac{30}{320}}{\frac{80}{540}} \fallingdotseq 0.63$	$LQ = \dfrac{\frac{50}{220}}{\frac{80}{540}} \fallingdotseq 1.53$
B산업	$LQ = \dfrac{\frac{50}{320}}{\frac{90}{540}} \fallingdotseq 0.94$	$LQ = \dfrac{\frac{40}{220}}{\frac{90}{540}} \fallingdotseq 1.09$
C산업	$LQ = \dfrac{\frac{60}{320}}{\frac{110}{540}} \fallingdotseq 0.92$	$LQ = \dfrac{\frac{50}{220}}{\frac{110}{540}} \fallingdotseq 1.12$
D산업	$LQ = \dfrac{\frac{100}{320}}{\frac{120}{540}} \fallingdotseq 1.41$	$LQ = \dfrac{\frac{20}{220}}{\frac{120}{540}} \fallingdotseq 0.41$
E산업	$LQ = \dfrac{\frac{80}{320}}{\frac{140}{540}} \fallingdotseq 0.96$	$LQ = \dfrac{\frac{60}{220}}{\frac{140}{540}} \fallingdotseq 1.05$

X지역에서 입지계수(LQ)에 따른 기반산업은 D산업이다. 따라서 X지역에서 입지계수(LQ)에 따른 기반산업의 개수는 1개이다. 참고로 Y지역에서 입지계수(LQ)에 따른 기반산업은 A, B, C, E산업이며, 기반산업의 개수는 4개이다.

02 비율임대차 방식에 의한 임대료를 구하는 문제

대표 문제

A회사는 분양면적 500m²의 매장을 손익분기점 매출액 이하이면 기본임대료만 부담하고, 손익분기점 매출액을 초과하는 매출액에 대하여 일정 임대료율을 적용한 추가임대료를 가산하는 비율임대차(percentage lease) 방식으로 임차하고자 한다. 향후 1년 동안 A회사가 지급할 것으로 예상되는 연임대료는? (단, 주어진 조건에 한하며, 연간 기준임) · 30회

- 예상매출액: 분양면적 m²당 20만원
- 기본임대료: 분양면적 m²당 6만원
- 손익분기점 매출액: 5,000만원
- 손익분기점 매출액 초과 매출액에 대한 임대료율: 10%

① 3,200만원   ② 3,300만원
③ 3,400만원   ④ 3,500만원
⑤ 3,600만원

| 해설 |
- 예상매출액 = 20만원 × 500m² = 1억원
- 기본임대료 = 6만원 × 500m² = 3,000만원
- 추가임대료는 손익분기점 매출액을 초과하는 매출액(5,000만원 = 1억원 − 5,000만원)에 대한 임대료율 10%이므로 5,000만원 × 0.1 = 500만원이다.

따라서 연임대료는 기본임대료와 추가임대료를 합한 3,500만원(= 3,000만원 + 500만원)이다.

| 정답 | ④

필기 노트 ··

01 임차인 A는 작년 1년 동안 분양면적 1,000m²의 매장을 비율임대차(percentage lease) 방식으로 임차하였다. 계약내용에 따르면, 매출액이 손익분기점 매출액 이하이면 기본임대료만 지급하고, 이를 초과하는 매출액에 대해서는 일정 임대료율을 적용한 추가임대료를 기본임대료에 가산하도록 하였다. 전년도 연임대료로 총 5,500만원을 지급한 경우, 해당 계약내용에 따른 손익분기점 매출액은? (단, 연간 기준이며, 주어진 조건에 한함) • 31회

- 기본임대료: 분양면적 m²당 5만원
- 손익분기점 매출액을 초과하는 매출액에 대한 임대료율: 5%
- 매출액: 분양면적 m²당 30만원

① 1억 6,000만원　　　　　② 1억 7,000만원
③ 1억 8,000만원　　　　　④ 1억 9,000만원
⑤ 2억원

| 해설 |
- 기본임대료 = 5만원/m² × 1,000m² = 5,000만원
- 매출액 = 30만원/m² × 1,000m² = 3억원
- 연임대료 5,500만원은 기본임대료 5,000만원과 추가임대료를 합한 금액이므로 추가임대료는 500만원이다.
- 손익분기점 매출액을 초과하는 매출액에 대한 임대료율은 5%이므로 손익분기점 초과 매출액(x) × 0.05 = 500만원이며, 손익분기점 초과 매출액(x)은 1억원이 된다. 따라서 손익분기점 매출액은 매출액 3억원에서 손익분기점 초과 매출액 1억원을 뺀 2억원이다.

02 A회사는 전년도에 임대면적 750m²의 매장을 비율임대차(percentage lease) 방식으로 임차하였다. 계약 내용에 따르면, 매출액이 손익분기점 매출액 이하이면 기본임대료만 지급하고, 이를 초과하는 매출액에 대해서는 일정 임대료율을 적용한 추가임대료를 기본임대료에 가산하도록 하였다. 전년도 연임대료로 총 12,000만원을 지급한 경우, 해당 계약내용에 따른 추가임대료율은? (단, 연간 기준이며, 주어진 조건에 한함) • 34회

> • 전년도 매출액: 임대면적 m²당 100만원
> • 손익분기점 매출액: 임대면적 m²당 60만원
> • 기본임대료: 임대면적 m²당 10만원

① 15%
② 20%
③ 25%
④ 30%
⑤ 35%

| 해설 |

- 기본임대료 = 10만원/m² × 750m² = 7,500만원
- 매출액 = 100만원/m² × 750m² = 7억 5,000만원
- 손익분기점 매출액 = 60만원/m² × 750m² = 4억 5,000만원
- 연임대료 1억 2,000만원은 기본임대료 7,500만원과 추가임대료를 합한 금액이므로 추가임대료는 4,500만원이다.
- 손익분기점 매출액 초과 매출액은 3억원(= 7억 5,000만원 − 4억 5,000만원)이므로 3억원 × 추가임대료율(x) = 4,500만원이다.

따라서 추가임대료율(x)은 4,500만원 ÷ 3억원 = 0.15(15%)이다.

03 다음은 매장의 매출액이 손익분기점 매출액 이하이면 기본임대료만 지급하고, 손익분기점 매출액 초과이면 초과매출액에 대하여 일정 임대료율을 적용한 추가임대료를 기본임대료에 가산하여 임대료를 지급하는 비율임대차(percentage lease) 방식의 임대차계약의 조건이다. 이 임대차계약에서 계약기간 동안 지급할 것으로 예상되는 임대료의 합계는? (단, 주어진 조건에 한함)

- 계약기간: 1년(1월 ~ 12월)
- 매장 임대면적: 200m²
- 임대면적당 기본임대료: 월 5만원/m²
- 손익분기점 매출액: 월 2,000만원
- 각 월별 예상매출액
  - 1월 ~ 7월: 8만원/m²
  - 8월 ~ 12월: 20만원/m²
- 손익분기점 초과 시 초과매출액에 대한 임대료율: 10%

① 11,000만원 ② 11,500만원
③ 12,000만원 ④ 12,500만원
⑤ 13,000만원

| 해설 |

1. 예상매출액
   - 1월 ~ 7월: 8만원/m² × 200m² = 1,600만원 ⇨ 기본임대료만 지급
   - 8월 ~ 12월: 20만원/m² × 200m² = 4,000만원 ⇨ 추가임대료까지 지급
2. 기본임대료: 1,000만원(= 5만원 × 200m²)
3. 추가임대료: 200만원(= 2,000만원 × 0.1)
4. 연임대료
   - 1월 ~ 7월(7개월): 기본임대료만 지급
     ⇨ 1,000만원(= 5만원 × 200m²) 지급
   - 8월 ~ 12월(5개월): 기본임대료와 추가임대료를 지급
     ⇨ 1,200만원 = 1,000만원(= 5만원 × 200m²) + 200만원(= 2,000만원 × 0.1) 지급
따라서 연임대료는 (1,000만원 × 7개월) + (1,200만원 × 5개월) = 1억 3,000만원이다.

04 A임차인은 비율임대차(percentage lease) 방식의 임대차계약을 체결하였다. 이 계약에서는 매장의 월 매출액이 손익분기점 매출액 이하이면 기본임대료만 지급하고, 손익분기점 매출액 초과이면 초과매출액에 대해 일정 임대료율을 적용한 추가임대료를 기본임대료에 가산하여 임대료를 지급한다고 약정하였다. 구체적인 계약조건과 예상매출액은 다음과 같다. 해당 계약 내용에 따라 A임차인이 지급할 것으로 예상되는 임대료의 합계는? (단, 주어진 조건에 한함) •35회

- 계약기간: 1년(1월 ~ 12월)
- 매장 임대면적: 300m²
- 임대면적당 기본임대료: 매월 5만원/m²
- 손익분기점 매출액: 매월 3,500만원
- 월별 임대면적당 예상매출액
  - 1월 ~ 6월: 매월 10만원/m²
  - 7월 ~ 12월: 매월 19만원/m²
- 손익분기점 매출액 초과 시 초과매출액에 대한 추가 임대료율: 10%

① 18,000만원   ② 19,320만원
③ 28,320만원   ④ 31,320만원
⑤ 53,520만원

| 해설 |

1. 예상매출액
   - 1월 ~ 6월: 10만원/m² × 300m² = 3,000만원
   - 7월 ~ 12월: 19만원/m² × 300m² = 5,700만원
2. 기본임대료: 월 1,500만원(= 5만원 × 300m²)
3. 추가임대료: 월 220만원(= 2,200만원 × 0.1)
   손익분기점 매출액은 매월 3,500만원이므로 7월 ~ 12월 기간 동안 손익분기점 매출액 초과 초과매출액은 2,200만원(= 5,700만원 - 3,500만원)이다.
   따라서 추가임대료는 220만원(= 2,200만원 × 0.1)이다.
4. 연임대료
   - 1월 ~ 6월(6개월): 기본임대료만 지급
     ⇨ 1,500만원(= 5만원 × 300m²) 지급
   - 7월 ~ 12월(6개월): 기본임대료와 추가임대료를 지급
     ⇨ 1,720만원 = 1,500만원(= 5만원 × 300m²) + 220만원(= 2,200만원 × 0.1) 지급
따라서 연임대료는 (1,500만원 × 6개월) + (1,720만원 × 6개월) = 1억 9,320만원이다.

7

부동산 감정평가론

01 원가법에서 재조달원가를 구하는 문제

대표 문제

다음 건물의 m²당 재조달원가는? (단, 주어진 조건에 한함) • 25회

- 20년 전 준공된 5층 건물(대지면적 500m², 연면적 1,450m²)
- 준공 당시의 공사비 내역

직접공사비:	300,000,000원
간접공사비:	30,000,000원
공사비 계:	330,000,000원
개발업자의 이윤:	70,000,000원
총계:	400,000,000원

- 20년 전 건축비지수: 100, 기준시점 건축비지수: 145

① 250,000원 ② 300,000원
③ 350,000원 ④ 400,000원
⑤ 450,000원

| 해설 |

m²당 재조달원가를 구하기 위해서는 기준시점으로 시점수정 후 연면적으로 나누어야 한다.

따라서 $400,000,000 \times \dfrac{145}{100} \div 1,450 = 400,000$원이다.

| 정답 | ④

필기 노트

01 다음 자료를 활용하여 산정한 A건물의 m²당 재조달원가는? • 20회

> • A건물은 10년 전에 준공된 4층 건물이다(대지면적 400m², 연면적 1,250m²).
> • A건물의 준공 당시 공사비 내역(단위: 천원)
>
> | | |
> |---|---|
> | 직접공사비: | 270,000 |
> | 간접공사비: | 30,000 |
> | 공사비 계: | 300,000 |
> | | |
> | 개발업자의 이윤: | 60,000 |
> | 총계: | 360,000 |
>
> • 10년 전 건축비지수 100, 기준시점 현재 135

① 388,800원/m²   ② 324,000원/m²

③ 288,000원/m²   ④ 240,000원/m²

⑤ 216,000원/m²

| 해설 |

m²당 재조달원가를 구하기 위해서는 기준시점으로 시점수정 후 연면적으로 나누어야 한다.

따라서 $360,000,000 \times \dfrac{135}{100} \div 1,250 = 388,800$원이다.

02 원가법에서 정액법에 의한 감가수정액과 적산가액을 구하는 문제

대표 문제

원가법에 의한 대상물건의 적산가액은? (단, 주어진 조건에 한함) • 29회

- 신축에 의한 사용승인시점: 2016.9.20.
- 기준시점: 2018.9.20.
- 사용승인시점의 신축공사비: 3억원(신축공사비는 적정함)
- 공사비 상승률: 매년 전년 대비 5%씩 상승
- 경제적 내용연수: 50년
- 감가수정방법: 정액법
- 내용연수 만료 시 잔존가치 없음

① 288,200,000원　　　　　　② 302,400,000원

③ 315,000,000원　　　　　　④ 317,520,000원

⑤ 330,750,000원

| 해설 |

경과연수는 2년이고 공사비는 매년 5% 상승했으며, 내용연수 만료 시 잔존가치가 없다. 따라서 식을 구하면 다음과 같다.

- 재조달원가 = 3억원 × $(1 + 0.05)^2$ = 330,750,000원

- 매년의 감가액 = $\dfrac{330,750,000원}{50년}$ = 6,615,000원

- 감가누계액 = 6,615,000원 × 2년(경과연수) = 13,230,000원

따라서 적산가액은 330,750,000원 − 13,230,000원 = 317,520,000원이다.

| 정답 | ④

방's KEY POINT

1. 매년의 감가액 = $\dfrac{재조달원가 - 잔존가액}{경제적\ 내용연수}$

2. 감가누계액 = 매년 감가액 × 경과연수

3. 적산가액 = 재조달원가 − 감가누계액

유형익히기 문제

01 원가법에 의한 대상물건 기준시점의 감가수정액은?

• 25회

> • 준공시점: 2019년 4월 30일
> • 기준시점: 2024년 4월 30일
> • 기준시점 재조달원가: 200,000,000원
> • 경제적 내용연수: 50년
> • 감가수정은 정액법에 의하고, 내용연수 만료 시 잔존가치율은 10%

① 17,000,000원   ② 18,000,000원

③ 19,000,000원   ④ 20,000,000원

⑤ 21,000,000원

| 해설 |

재조달원가 2억원, 준공시점부터 기준시점까지 경과연수 5년, 경제적 내용연수 50년, 내용연수 만료 시 잔존 가치율은 10%이다. 식을 구하면 다음과 같다.

• 매년의 감가액 $= \dfrac{2억원 - 2{,}000만원}{50년} = 360만원$

• 감가누계액 $= 360만원 \times 5년(경과연수) = 1{,}800만원$

• 적산가액 $= 2억원 - 1{,}800만원 = 1억 8{,}200만원$

따라서 감가수정액(감가누계액)은 1,800만원이다.

- 사용승인일의 신축공사비: 6천만원(신축공사비는 적정함)
- 사용승인일: 2018.9.1.
- 기준시점: 2020.9.1.
- 건축비지수
  - 2018.9.1. = 100
  - 2020.9.1. = 110
- 경제적 내용연수: 40년
- 감가수정방법: 정액법
- 내용연수 만료 시 잔가율: 10%

① 57,300,000원　　　　　　② 59,300,000원

③ 62,700,000원　　　　　　④ 63,030,000원

⑤ 72,600,000원

| 해설 |

경과연수가 2년이고 건축비지수가 1.1이므로 식을 구하면 다음과 같다.

- 재조달원가 = 6,000만원 × 1.1 = 66,000,000원

  잔존가치율은 10%이므로 잔존가액은 6,600,000원이다.

- 매년의 감가액 = $\dfrac{66,000,000원 - 6,600,000원}{40년}$ = 1,485,000원

- 감가누계액 = 1,485,000원 × 2년(경과연수) = 2,970,000원

따라서 적산가액은 66,000,000원 - 2,970,000원 = 63,030,000원이다.

03 다음 자료를 활용하여 원가법으로 산정한 대상건물의 시산가액은? (단, 주어진 조건에 한함)

• 34회

• 대상건물 현황: 철근콘크리트조, 단독주택, 연면적 250m²
• 기준시점: 2023.10.28.
• 사용승인일: 2015.10.28.
• 사용승인일의 신축공사비: 1,200,000원/m²(신축공사비는 적정함)
• 건축비지수(건설공사비지수)
  – 2015.10.28.: 100
  – 2023.10.28.: 150
• 경제적 내용연수: 50년
• 감가수정방법: 정액법
• 내용연수 만료 시 잔존가치 없음

① 246,000,000원
② 252,000,000원
③ 258,000,000원
④ 369,000,000원
⑤ 378,000,000원

| 해설 |

경과연수가 8년이고 사용승인일의 신축공사비는 1,200,000원/m²이므로 300,000,000원(=1,200,000원 × 250m²)이고, 건축비지수에 의한 시점수정치가 1.5(=150/100)이므로 식을 구하면 다음과 같다.

• 재조달원가 = 300,000,000원 × 1.5 = 450,000,000원

내용연수 만료 시 잔존가치가 없으므로

• 매년의 감가액 = $\dfrac{450,000,000원}{50년}$ = 9,000,000원

• 감가누계액 = 9,000,000원 × 8년(경과연수) = 72,000,000원

따라서 시산가액(적산가액)은 450,000,000원 − 72,000,000원 = 378,000,000원이다.

04 다음 자료를 활용하여 원가법으로 평가한 대상건물의 가액은? (단, 주어진 조건에 한함)

- 대상건물: 철근콘크리트구조, 다가구주택, 연면적 350m²
- 기준시점: 2025.10.01.
- 사용승인시점: 2015.10.01.
- 사용승인시점의 적정한 신축공사비: 2,000,000원/m²
- 건축비지수
  - 기준시점: 115
  - 사용승인시점: 100
- 경제적 내용연수: 50년
- 감가수정방법: 정액법(만년감가기준)
- 내용연수 만료 시 잔존가치 없음

① 626,000,000원　　　　　　② 644,000,000원
③ 684,000,000원　　　　　　④ 700,000,000원
⑤ 704,000,000원

| 해설 |

경과연수가 10년이고 사용승인일의 신축공사비는 2,000,000원/m²이므로 700,000,000원(= 2,000,000원 × 350m²)이고, 건축비지수에 의한 시점수정치(115/100 = 1.15)가 1.15이므로 식을 구하면 다음과 같다.

- 재조달원가 = 700,000,000원 × 1.15 = 805,000,000원

내용연수 만료 시 잔존가치는 없으므로

- 매년의 감가액 = $\dfrac{805,000,000원}{50년}$ = 16,100,000원

- 감가누계액 = 16,100,000원 × 10년(경과연수) = 161,000,000원

따라서 적산가액은 805,000,000원 − 161,000,000원 = 644,000,000원이다.

03 원가법에서 정률법에 의한 적산가액을 구하는 문제

대표 문제

원가법에 의한 공장건물의 적산가액은? (단, 주어진 조건에 한함) • 28회

- 신축공사비: 8,000만원
- 준공시점: 2015년 9월 30일
- 기준시점: 2017년 9월 30일
- 건축비지수
  - 2015년 9월: 100
  - 2017년 9월: 125
- 전년 대비 잔가율: 70%
- 신축공사비는 준공 당시 재조달원가로 적정하며, 감가수정방법은 공장건물이 설비에 가까운 점을 고려하여 정률법을 적용함

① 3,920만원   ② 4,900만원
③ 5,600만원   ④ 7,000만원
⑤ 1억원

| 해설 |

1. 재조달원가를 구하기 위해서는 기준시점으로 시점수정을 하여야 한다.
   따라서 시점수정치를 먼저 구하면

   시점수정치 $= \dfrac{125}{100} = 1.25$

   따라서 재조달원가는 = 8,000만원 × 1.25 = 1억원이다.

2. 정률법에 의한 적산가액을 구하는 식은 다음과 같다.
   - 적산가액 = 재조달원가 × (1 − 감가율)^m
   - 적산가액 = 재조달원가 × (전년 대비 잔가율)^m (m: 경과연수)

   따라서 적산가액 = 1억원 × 0.7^2 = 4,900만원이다.

| 정답 | ②

방's KEY POINT

적산가액 = 재조달원가 × (전년 대비 잔가율)^m (m: 경과연수)

01 **원가법에 의한 공장건물의 적산가액은?** (단, 주어진 조건에 한함)

> • 신축공사비: 2억원
> • 준공시점: 2023년 9월 1일
> • 기준시점: 2025년 9월 1일
> • 건축비지수
>   − 2023년 9월: 100
>   − 2025년 9월: 125
> • 전년 대비 잔가율: 60%
> • 신축공사비는 준공 당시 재조달원가로 적정하며, 감가수정방법은 공장건물이 설비에 가까운 점을 고려하여 정률법을 적용함

① 6,250만원   ② 7,850만원
③ 9,000만원   ④ 1억 2,000만원
⑤ 1억 4,000만원

| 해설 |

1. 재조달원가를 구하기 위해서는 기준시점으로 시점수정을 하여야 한다.
   따라서 먼저 시점수정치를 구하면

   $$시점수정치 = \frac{125}{100} = 1.25$$

   따라서 재조달원가는 = 2억원 × 1.25 = 2억 5,000만원이다.
2. 정률법에 의한 적산가액을 구하는 식은 다음과 같다.
   • 적산가액 = 재조달원가 × (1 − 감가율)^m
   • 적산가액 = 재조달원가 × (전년 대비 잔가율)^m (m: 경과연수)
   따라서 적산가액 = 2억 5,000만원 × 0.6^2 = 9,000만원이다.

| 정답 | 01 ③

04 거래사례비교법에서 보정치를 구하는 문제

대표 문제

다음 사례부동산의 사정보정치는 얼마인가?　•23회

- 면적이 1,000m²인 토지를 100,000,000원에 구입하였으나, 이는 인근의 표준적인 획지보다 고가로 매입한 것으로 확인되었음
- 표준적인 획지의 정상가격이 80,000원/m²으로 조사되었음

① 0.50　　　　　　　　　　② 0.60
③ 0.70　　　　　　　　　　④ 0.80
⑤ 0.90

| 해설 |

표준적인 획지의 정상가격이 80,000원/m²인데 토지면적이 1,000m²이므로 대상토지가격은 80,000,000원이다. 그런데 사례토지는 면적이 1,000m²인 토지를 100,000,000원에 구입하였으므로 사례토지는 대상토지보다 25% 고가로 거래된 경우에 해당한다.

따라서 사정보정치 $= \dfrac{\text{대상부동산}}{\text{사례부동산}} = \dfrac{100}{125} = 0.8$이다.

| 정답 | ④

방'S KEY POINT

사정보정치 $= \dfrac{\text{대상부동산}}{\text{사례부동산}}$

〈보정방법〉
1. 보정대상: ~이, ~가
   - 우세, 고가 ⇨ 100 + α%
   - 열세, 저가 ⇨ 100 − α%
2. 비교대상: ~보다 ⇨ 100

유형익히기 문제

01 평가대상부동산이 속한 지역과 사례부동산이 속한 지역이 다음과 같은 격차를 보이는 경우, 상승식으로 산정한 지역요인의 비교치는? (단, 격차내역은 사례부동산이 속한 지역을 100으로 사정할 경우의 비준치이며, 결과값은 소수점 넷째 자리에서 반올림함) ·23회

비교 항목	격차내역
기타조건	−2
환경조건	+3
가로조건	−1
접근조건	+4
행정적 조건	0

① 1.031
② 1.033
③ 1.035
④ 1.037
⑤ 1.039

| 해설 |

주어진 표에서 격차내역은 사례부동산이 속한 지역을 100으로 사정할 경우의 비준치이므로 기타조건은 $\frac{98}{100}$, 환경조건은 $\frac{103}{100}$, 가로조건은 $\frac{99}{100}$, 접근조건은 $\frac{104}{100}$가 된다.

$$\therefore \frac{98}{100} \times \frac{103}{100} \times \frac{99}{100} \times \frac{104}{100} = 1.039$$

02 감정평가의 대상이 되는 부동산(이하 '대상부동산'이라 함)과 거래사례부동산의 개별요인 항목별 비교내용이 다음과 같은 경우 상승식으로 산정한 개별요인 비교치는? (단, 주어진 조건에 한하며, 결과값은 소수점 넷째 자리에서 반올림함) • 29회

> • 가로의 폭·구조 등의 상태에서 대상부동산이 5% 우세함
> • 고객의 유동성과의 적합성에서 대상부동산이 3% 열세함
> • 형상 및 고저는 동일함
> • 행정상의 규제 정도에서 대상부동산이 4% 우세함

① 1.015

② 1.029

③ 1.035

④ 1.059

⑤ 1.060

| 해설 |

가로의 폭·구조 등의 상태에서 대상부동산이 5% 우세하므로 $\dfrac{105}{100}$, 고객의 유동성과의 적합성에서 대상부동산이 3% 열세하므로 $\dfrac{97}{100}$, 형상 및 고저는 동일하므로 $\dfrac{100}{100}$, 행정상의 규제 정도에서 대상부동산이 4% 우세하므로 $\dfrac{104}{100}$가 된다.

$$\therefore \frac{105}{100} \times \frac{97}{100} \times \frac{104}{100} = 1.05 \times 0.97 \times 1.04 = 1.05924$$

그런데 결과값은 소수점 넷째 자리에서 반올림하라고 했으므로 1.059이다.

05 거래사례비교법에서 비준가액을 구하는 문제

다음 자료를 활용하여 거래사례비교법으로 산정한 대상토지의 감정평가액은? (단, 주어진 조건에 한함)

• 29회

- 대상토지: A시 B동 150번지, 토지 120m² 제3종 일반주거지역
- 기준시점: 2018.9.1.
- 거래사례의 내역
  - 소재지 및 면적: A시 B동 123번지, 토지 100m²
  - 용도지역: 제3종 일반주거지역
  - 거래사례가격: 3억원
  - 거래시점: 2018.3.1.
  - 거래사례의 사정보정 요인은 없음
- 지가변동률(2018.3.1. ~ 9.1.): A시 주거지역 4% 상승함
- 지역요인: 대상토지는 거래사례의 인근지역에 위치함
- 개별요인: 대상토지는 거래사례에 비해 5% 열세함
- 상승식으로 계산할 것

① 285,680,000원
② 296,400,000원
③ 327,600,000원
④ 355,680,000원
⑤ 360,400,000원

| 해설 |

거래사례가격은 3억원에 거래되었으며, 사례토지의 면적이 100m²이고, 대상토지의 면적은 120m²이므로 $\frac{120}{100}$ 이다.

사정보정 요인은 없으므로 사정보정은 하지 않아도 되며, 지가상승률은 4%이므로 시점수정치는 (1 + 0.04) = 1.04이다.

대상토지는 거래사례의 인근지역에 위치하므로 지역요인은 비교하지 않아도 되며, 대상토지는 거래사례에 비해 5% 열세하므로 개별요인 비교치는 $\frac{95}{100}$ 이다.

$\therefore$ 3억원 $\times \frac{120}{100} \times \frac{104}{100} \times \frac{95}{100}$ = 3억원 $\times 1.2 \times 1.04 \times 0.95$ = 355,680,000원

| 정답 | ④

01 다음 자료를 활용하여 거래사례비교법으로 산정한 대상토지의 비준가액은? (단, 주어진 조건에 한함)

• 31회

- 평가대상토지: X시 Y동 210번지, 대, 110m², 일반상업지역
- 기준시점: 2020.9.1.
- 거래사례
  - 소재지: X시 Y동 250번지
  - 지목 및 면적: 대, 120m²
  - 용도지역: 일반상업지역
  - 거래가격: 2억 4천만원
  - 거래시점: 2020.2.1.
  - 거래사례는 정상적인 매매임
- 지가변동률(2020.2.1. ~ 9.1.): X시 상업지역 5% 상승
- 지역요인: 대상토지는 거래사례의 인근지역에 위치함
- 개별요인: 대상토지는 거래사례에 비해 3% 우세함
- 상승식으로 계산할 것

① 226,600,000원 ② 237,930,000원
③ 259,560,000원 ④ 283,156,000원
⑤ 285,516,000원

| 해설 |

거래사례가격은 2억 4천만원에 거래되었으며, 사례토지의 면적이 120m²이고, 대상토지의 면적은 110m²이므로 $\dfrac{110}{120}$ 이다.

사정보정 요인은 없으므로 사정보정은 하지 않아도 되며, 지가상승률은 5%이므로 시점수정치는 (1 + 0.05) = 1.05이다.

대상토지는 거래사례의 인근지역에 위치하므로 지역요인은 비교하지 않아도 되며, 대상토지는 거래사례에 비해 3% 우세하므로 개별요인 비교치는 $\dfrac{103}{100}$ 이다.

∴ 2억 4천만원 $\times \dfrac{110}{120} \times \dfrac{105}{100} \times \dfrac{103}{100}$ = 237,930,000원

02 다음 자료를 활용하여 거래사례비교법으로 산정한 토지의 비준가액은? (단, 주어진 조건에 한함)

• 33회

- 대상토지: A시 B구 C동 350번지, 150m²(면적), 대(지목), 주상용(이용상황), 제2종 일반주 거지역(용도지역)
- 기준시점: 2022.10.29.
- 거래사례
  - 소재지: A시 B구 C동 340번지
  - 200m²(면적), 대(지목), 주상용(이용상황)
    제2종 일반주거지역(용도지역)
    거래가격: 800,000,000원
    거래시점: 2022.06.01.
- 사정보정치: 0.9
- 지가변동률(A시 B구, 2022.06.01. ~ 2022.10.29.): 주거지역 5% 상승, 상업지역 4% 상승
- 지역요인: 거래사례와 동일
- 개별요인: 거래사례에 비해 5% 열세
- 상승식으로 계산

① 533,520,000원
② 538,650,000원
③ 592,800,000원
④ 595,350,000원
⑤ 598,500,000원

| 해설 |

거래사례가격은 800,000,000원에 거래되었으며, 사례토지의 면적이 200m²이고, 대상토지의 면적은 150m²이므로 $\frac{150}{200}$이다.

사정보정치는 0.9이며, 주거지역의 지가상승률은 5%이므로 시점수정치는 (1 + 0.05) = 1.05이다.
거래사례와 동일 지역요인은 비교하지 않아도 되며, 대상토지는 거래사례에 비해 5% 열세하므로 개별요인 비교치는 0.95이다.

∴ 800,000,000원 $\times \frac{150}{200} \times 0.9 \times 1.05 \times 0.95$ = 538,650,000원

03 다음 자료를 활용하여 거래사례비교법으로 산정한 대상토지의 시산가액은? (단, 주어진 조건에 한함)

• 35회

> • 대상토지
>   − 소재지: A시 B구 C동 150번지
>   − 용도지역: 제3종 일반주거지역
>   − 이용상황, 지목, 면적: 상업용, 대, 100m²
> • 기준시점: 2024.10.26.
> • 거래사례
>   − 소재지: A시 B구 C동 120번지
>   − 용도지역: 제3종 일반주거지역
>   − 이용상황, 지목, 면적: 상업용, 대, 200m²
>   − 거래가격: 625,000,000원(가격구성비율은 토지 80%, 건물 20%임)
>   − 사정 개입이 없는 정상적인 거래사례임
>   − 거래시점: 2024.05.01.
> • 지가변동률(A시 B구, 2024.05.01. ~ 2024.10.26.): 주거지역 4% 상승, 상업지역 5% 상승
> • 지역요인: 대상토지와 거래사례토지는 인근지역에 위치함
> • 개별요인: 대상토지는 거래사례토지에 비해 10% 우세함
> • 상승식으로 계산

① 234,000,000원
② 286,000,000원
③ 288,750,000원
④ 572,000,000원
⑤ 577,500,000원

| 해설 |

토지와 건물로 구성된 거래사례가격은 625,000,000원에 거래되었는데, 토지의 가격구성비율이 80%이므로 토지의 거래사례가격은 625,000,000원 × 0.8 = 500,000,000원이 된다.

그런데 사례토지의 면적이 200m²이고, 대상토지의 면적은 100m²이므로 면적비교치는 $\frac{100}{200}$ = 0.5이다. 사정개입이 없는 정상적인 거래사례이므로 사정보정 요인은 없으므로 사정보정은 하지 않아도 되며, 주거지역의 지가상승률은 4%이므로 시점수정치는 (1 + 0.04) = 1.04이다.

지역요인은 대상토지와 거래사례토지는 인근지역에 위치하므로 지역요인은 비교하지 않아도 되며, 개별요인은 대상토지는 거래사례토지에 비해 10% 우세하므로 개별요인 비교치는 1.10이다.

∴ 500,000,000원 × 0.5 × 1.04 × 1.1 = 286,000,000원

06 공시지가기준법에 의한 토지가치를 구하는 문제

대표 문제

제시된 자료를 활용해 감정평가에 관한 규칙에서 정한 공시지가기준법으로 평가한 토지평가액 (원/m²)은?

• 26회

- 기준시점: 2021.10.24.
- 소재지 등: A시 B구 C동 177, 제2종 일반주거지역, 면적 200m²
- 비교표준지: A시 B구 C동 123, 제2종 일반주거지역, 2021.1.1. 공시지가 2,000,000원/m²
- 지가변동률(2021.1.1. ~ 2021.10.24.): A시 B구 주거지역 5% 상승
- 지역요인: 대상토지가 비교표준지의 인근지역에 위치하여 동일
- 개별요인: 대상토지가 비교표준지에 비해 가로조건은 5% 열세, 환경조건은 20% 우세하고 다른 조건은 동일(상승식으로 계산할 것)
- 그 밖의 요인으로 보정할 사항 없음

① 1,995,000원/m²
② 2,100,000원/m²
③ 2,280,000원/m²
④ 2,394,000원/m²
⑤ 2,520,000원/m²

| 해설 |

표준지공시지가를 기준으로 평가하므로 사정보정은 필요가 없다. 제시된 자료에 의하면 표준지공시지가는 2,000,000원/m², 시점수정치는 (1 + 0.05) = 1.05이다.

개별요인 비교치 중 가로조건은 $\frac{95}{100}$, 환경조건은 $\frac{120}{100}$이다.

주어진 조건 이외의 기타조건은 계산할 필요가 없으며, 대상토지는 표준지의 인근지역에 소재하므로 지역요인을 비교할 필요가 없다.

따라서 이를 계산하면 $2,000,000원/m^2 \times \frac{105}{100} \times \frac{95}{100} \times \frac{120}{100} = 2,394,000원/m^2$이 된다.

| 정답 | ④

방's KEY POINT

비교표준지 선정 ⇨ **시점수정** ⇨ **지역요인** 비교 ⇨ **개별요인** 비교 ⇨ 그 밖의 요인 보정

유형익히기 문제

01 다음 자료를 활용하여 공시지가기준법으로 산정한 대상토지의 가액(원/m²)은? (단, 주어진 조건에 한함)
• 32회

• 대상토지: A시 B구 C동 320번지, 일반상업지역
• 기준시점: 2021.10.30.
• 비교표준지: A시 B구 C동 300번지, 일반상업지역, 2021.01.01. 기준 공시지가 10,000,000원/m²
• 지가변동률(A시 B구, 2021.01.01. ~ 2021.10.30.): 상업지역 5% 상승
• 지역요인: 대상토지와 비교표준지의 지역요인은 동일함
• 개별요인: 대상토지는 비교표준지에 비해 가로조건 10% 우세, 환경조건 20% 열세하고, 다른 조건은 동일함(상승식으로 계산할 것)
• 그 밖의 요인 보정치: 1.50

① 9,240,000
② 11,340,000
③ 13,860,000
④ 17,010,000
⑤ 20,790,000

| 해설 |
표준지공시지가를 기준으로 평가하므로 사정보정은 필요가 없으며, 대상토지와 비교표준지의 지역요인은 동일하므로 지역요인도 비교할 필요가 없다.

제시된 자료에 의하면 표준지공시지가는 10,000,000원/m², 시점수정치는 (1 + 0.05) = 1.05, 개별요인 비교치 중 가로조건은 $\frac{110}{100}$ = 1.1, 환경조건은 $\frac{80}{100}$ = 0.8이다. 그 밖의 요인보정치는 1.50이다.

이를 계산하면 10,000,000원/m² × 1.05 × 1.1 × 0.8 × 1.5 = 13,860,000원/m²이 된다.

02 다음 자료를 활용하여 공시지가기준법으로 산정한 대상토지의 가액(원/m²)은? (단, 주어진 조건에 한함)

> - 대상토지: A시 B구 C동 320번지, 일반상업지역, 상업나지
> - 기준시점: 2025.09.30.
> - 비교표준지: A시 B구 C동 300번지, 일반상업지역, 상업나지
>   2023.01.01. 기준 표준지공시지가 10,000,000원/m²
> - 지가변동률(A시 B구)
>   1) 2025.01.01. ~ 2025.04.30.: -5%
>   2) 2025.05.01. ~ 2025.09.30.: -2%
> - 지역요인: 대상토지와 비교표준지의 지역요인은 동일함
> - 개별요인: 대상토지는 비교표준지에 비해 가로조건에서 10% 우세하고, 환경조건에서 3% 열세하며, 다른 조건은 동일함
> - 그 밖의 요인: 20% 증액보정함
> - 상승식으로 계산할 것
> - 산정된 시산가액의 천원 미만은 버릴 것

① 11,320,000원/m²
② 11,920,000원/m²
③ 12,564,500원/m²
④ 13,705,300원/m²
⑤ 14,302,500원/m²

| 해설 |

표준지공시지가를 기준으로 평가하므로 사정보정은 필요가 없다.

제시된 자료에 의하면 표준지공시지가는 10,000,000원/m², 시점수정치는 2025.1.1. ~ 2025.4.30. 기간동안 -5%이므로 0.95, 2025.5.1. ~ 2025.9.30.기간동안 -2%이므로 0.98이다. 개별요인비교치 중 가로조건은 1.1, 환경조건은 0.97이다. 그 밖의 요인으로 20%를 증액보정하면 1.20이다.

이를 계산하면 10,000,000원/m² × 0.95 × 0.98 × 1.1 × 0.97 × 1.2 = 11,920,524원/m²이 되는데, 천원 미만은 버리라고 했으므로 11,920,000원/m²이 된다.

03 다음 자료를 활용하여 공시지가기준법으로 평가한 대상토지의 가액(원/m²)은? (단, 주어진 조건에 한함)

• 30회

• 소재지 등: A시 B구 C동 100, 일반상업지역, 상업용
• 기준시점: 2019.10.26
• 표준지공시지가(A시 B구 C동, 2019.01.01 기준)

기호	소재지	용도지역	이용상황	공시지가(원/m²)
1	C동 90	일반공업지역	상업용	1,000,000
2	C동 110	일반상업지역	상업용	2,000,000

• 지가변동률(A시 B구, 2019.01.01 ~ 2019.10.26)
 − 공업지역: 4% 상승
 − 상업지역: 5% 상승
• 지역요인: 표준지와 대상토지는 인근지역에 위치하여 지역요인은 동일함
• 개별요인: 대상토지는 표준지 기호 1, 2에 비해 각각 가로조건에서 10% 우세하고, 다른 조건은 동일함(상승식으로 계산할 것)
• 그 밖의 요인으로 보정할 사항 없음

① 1,144,000
② 1,155,000
③ 2,100,000
④ 2,288,000
⑤ 2,310,000

| 해설 |
표준지는 대상토지와 동일한 일반상업지역의 공시지가 2,000,000원/m²으로 한다. 표준지공시지가를 기준으로 평가하므로 사정보정은 필요가 없다.

제시된 자료에 의하면 표준지공시지가는 2,000,000원/m², 시점수정치는 상업지역 지가상승률이 5%이므로 $(1 + 0.05) = 1.05$, 개별요인 비교치 중 가로조건은 $\frac{110}{100}$이다. 주어진 조건 이외의 그밖의 요인은 보정할 사항은 없으며, 대상토지는 표준지의 인근지역에 소재하므로 지역요인을 비교할 필요가 없다.

따라서 $2,000,000원/m² \times \frac{105}{100} \times \frac{110}{100} = 2,310,000원/m²$이 된다.

04 다음 자료를 활용하여 공시지가기준법으로 산정한 대상토지의 단위면적당 시산가액은? (단, 주어진 조건에 한함)

• 34회

> • 대상토지 현황: A시 B구 C동 120번지, 일반상업지역, 상업용
> • 기준시점: 2023.10.28.
> • 표준지공시지가(A시 B구 C동, 2023.01.01. 기준)
>
> | 기호 | 소재지 | 용도지역 | 이용상황 | 공시지가(원/m²) |
> |------|--------|----------|----------|------------------|
> | 1 | C동 110 | 준주거지역 | 상업용 | 6,000,000 |
> | 2 | C동 130 | 일반상업지역 | 상업용 | 8,000,000 |
>
> • 지가변동률(A시 B구, 2023.01.01. ~ 2023.10.28.)
>   − 주거지역: 3% 상승
>   − 상업지역: 5% 상승
> • 지역요인: 표준지와 대상토지는 인근지역에 위치하여 지역요인 동일함
> • 개별요인: 대상토지는 표준지 기호 1에 비해 개별요인 10% 우세하고, 표준지 기호 2에 비해 개별요인 3% 열세함
> • 그 밖의 요인 보정: 대상토지 인근지역의 가치형성요인이 유사한 정상적인 거래사례 및 평가사례 등을 고려하여 그 밖의 요인으로 50% 증액 보정함
> • 상승식으로 계산할 것

① 6,798,000원/m²
② 8,148,000원/m²
③ 10,197,000원/m²
④ 12,222,000원/m²
⑤ 13,860,000원/m²

| 해설 |

먼저 표준지는 대상토지와 동일한 기호 2 일반상업지역의 공시지가 8,000,000원/m²으로 한다. 표준지공시지가를 기준으로 평가하므로 사정보정은 필요가 없다.

제시된 자료에 의하면 표준지공시지가는 8,000,000원/m², 시점수정치는 상업지역 지가상승률이 5%이므로 (1 + 0.05) = 1.05이며, 대상토지는 표준지의 인근지역에 소재하므로 지역요인을 비교할 필요가 없다. 개별요인 비교치는 표준지 기호 2로 $\frac{97}{100}$ = 0.97이다. 주어진 조건 이외의 그밖의 요인은 50% 증액보정을 하므로 1.50이다.

따라서 8,000,000원/m² × 1.05 × 0.97 × 1.5 = 12,222,000원/m²이 된다.

07 수익환원법에서 환원이율을 구하는 문제

대표 문제

다음 〈보기〉의 자료를 이용해 환원이율(capitalization rate)을 바르게 계산한 것은? ·18회

〈보기〉

- 총투자액: 200,000천원
- 연간 가능총소득(potential gross income): 19,500천원
- 연간 기타 소득: 1,000천원
- 연간 공실에 따른 손실: 500천원
- 연간 영업경비(operating expenses): 연간 유효총소득(effective gross income)의 40%

① 6%
② 9.5%
③ 9.75%
④ 10%
⑤ 10.25%

| 해설 |

가능총소득	19,500천원
− 공실 및 불량부채	− 500천원
+ 기타 소득	+ 1,000천원
유효총소득	20,000천원
− 영업경비	− 8,000천원(= 20,000천원 × 0.4)
순영업소득	12,000천원

$$\therefore \ 환원이율 = \frac{순영업소득}{부동산가치} = \frac{12,000천원}{200,000천원} = 0.06(6\%)$$

| 정답 | ①

방's KEY POINT

$$환원이율 = \frac{순영업소득}{부동산가치} \times 100(\%)$$

유형익히기 문제

01 다음과 같은 조건에서 대상부동산의 수익가치 산정 시 적용할 환원이율(capitalization rate, %)은?

• 24회

> • 순영업소득(NOI): 연 30,000,000원
> • 부채서비스액(debt service): 연 15,000,000원
> • 지분비율: 대부비율 = 60% : 40%
> • 대출조건: 이자율 연 12%로 10년간 매년 원리금균등상환
> • 저당상수(이자율 연 12%, 기간 10년): 0.177

① 3.54   ② 5.31
③ 14.16   ④ 20.40
⑤ 21.24

| 해설 |

부채감당법에 의한 환원이율(자본환원율) = 부채감당률 × 대부비율 × 저당상수로 구한다.

부채감당률 = $\dfrac{순영업소득}{부채서비스액}$ = $\dfrac{30,000,000원}{15,000,000원}$ = 2이고,

대부비율이 40%(0.4)이며, 저당상수가 0.177이다.

부채감당법에 의한 환원이율(자본환원율) = 2 × 0.4 × 0.177 = 0.1416(14.16%)이다.

02 다음 자료에서 수익방식에 의한 대상부동산의 시산가액 산정 시 적용된 환원율은? (단, 연간 기준이며, 주어진 조건에 한함) •35회

> • 가능총수익(PGI): 50,000,000원
> • 공실손실상당액 및 대손충당금: 가능총수익(PGI)의 10%
> • 운영경비(OE): 가능총수익(PGI)의 20%
> • 환원방법: 직접환원법
> • 수익방식에 의한 대상부동산의 시산가액: 500,000,000원

① 7.0%　　　　　　　　　　② 7.3%

③ 8.0%　　　　　　　　　　④ 8.1%

⑤ 9.0%

| 해설 |

직접환원법에 의한 환원(이)율을 구하기 위해서는 먼저 순영업소득을 구해야 한다.

가능총소득	50,000,000원
− 공실 및 대손충당금	− 5,000,000원(= 50,000,000원 × 0.1)
유효총소득	45,000,000원
− 영업경비	− 10,000,000원(= 50,000,000원 × 0.2)
순영업소득	35,000,000원

$$\therefore \ 환원이율 = \frac{순영업소득}{부동산가치} = \frac{35,000,000원}{500,000,000원} \times 100(\%) = 7\%(0.07)가 \ 된다.$$

03 다음과 같은 조건에서 대상부동산의 수익가액 산정 시 적용할 환원이율(capitalization rate)은?
(단, 주어진 조건에 한함)

- 가능총소득(PGI): 연 85,000,000원
- 공실상당액: 가능총소득의 5%
- 재산관리수수료: 가능총소득의 2%
- 유틸리티비용: 가능총소득의 2%
- 관리직원인건비: 가능총소득의 3%
- 부채서비스액: 연 20,000,000원
- 대부비율: 25%
- 대출조건: 이자율 연 4%로 28년간 매년 원리금균등분할상환(고정금리)
- 저당상수(이자율 연 4%, 기간 28년): 0.06

① 4.71%
② 5.06%
③ 5.21%
④ 5.46%
⑤ 5.61%

| 해설 |

1. 주어진 자료로부터 순영업소득을 계산한 후 부채감당률을 구하면 부채감당법에 의한 환원이율을 구할 수 있다. 다만, 영업경비에서 영업소득세, 부채서비스액은 제외된다.

가능총소득	85,000,000원
− 공실상당액	− 4,250,000원(=85,000,000원 × 0.05)
유효총소득	80,750,000원
− 영업경비	− 5,950,000원
순영업소득	74,800,000원

영업경비는 재산관리수수료 170만원(=85,000,000원 × 0.02), 유틸리티비용 170만원(=85,000,000원 × 0.02), 관리직원인건비 255만원(=85,000,000원 × 0.03)을 합한 595만원이 된다.
참고로 유틸리티(Utility)비용이란 전기요금, 수도요금, 가스비 등의 비용을 의미한다.

2. 부채감당법에 의한 환원이율(자본환원율)은 '부채감당률 × 대부비율 × 저당상수'를 통해 구한다.

$$부채감당률 = \frac{순영업소득}{부채서비스액} = \frac{74,800,000원}{20,000,000원} = 3.74$$

대부비율이 25%(0.25)이며, 저당상수가 0.06이므로
∴ 부채감당법에 의한 환원이율(자본환원율) = 3.74 × 0.25 × 0.06 = 0.0561(5.61%)

| 정답 | 03 ⑤

08 수익환원법에서 수익가액을 구하는 문제

대표 문제

다음 자료를 활용하여 직접환원법으로 산정한 대상부동산의 수익가액은? (단, 연간 기준이며, 주어진 조건에 한함)
• 32회

• 가능총소득(PGI): 70,000,000원
• 공실상당액 및 대손충당금: 가능총소득의 5%
• 영업경비(OE): 유효총소득(EGI)의 40%
• 환원율: 10%

① 245,000,000원　　　　　　　② 266,000,000원
③ 385,000,000원　　　　　　　④ 399,000,000원
⑤ 420,000,000원

| 해설 |

직접환원법으로 평가한 대상부동산의 수익가액을 구하기 위해서는 먼저 순영업소득을 구해야 한다.

가능총소득	70,000,000원
− 공실 및 대손충당금	− 3,500,000원(= 70,000,000원 × 0.05)
유효총소득	66,500,000원
− 영업경비	− 26,600,000원(= 66,500,000원 × 0.4)
순영업소득	39,900,000원

$$\therefore \text{수익가액} = \frac{\text{순영업소득}}{\text{환원이율}} = \frac{39,900,000원}{0.1} = 399,000,000원이 된다.$$

| 정답 | ④

방's KEY POINT

$$\text{수익가액} = \frac{\text{순수익(순영업소득)}}{\text{환원이율(자본환원율)}}$$

01 다음 자료를 활용하여 수익환원법을 적용한 평가대상 근린생활시설의 수익가액은? (단, 주어진 조건에 한하며 연간 기준임) •28회

> • 가능총소득: 5,000만원
> • 공실손실상당액: 가능총소득의 5%
> • 유지관리비: 가능총소득의 3%
> • 부채서비스액: 1,000만원
> • 화재보험료: 100만원
> • 개인업무비: 가능총소득의 10%
> • 기대이율 4%, 환원율 5%

① 6억원 　　　　　　　　　　　② 7억 2,000만원

③ 8억 2,000만원 　　　　　　　④ 9억원

⑤ 11억 2,500만원

| 해설 |

수익환원법을 적용한 평가대상 근린생활시설의 수익가액을 구하라고 했으므로 먼저 순영업소득을 구해야 한다.

가능총소득	5,000만원
− 공실 및 대손손실	− 250만원(=5,000만원 × 0.05)
유효총소득	4,750만원
− 영업경비	− 250만원
순영업소득	4,500만원

영업경비는 유지관리비 150만원(=5,000만원 × 0.03)과 화재보험료 100만원을 합한 250만원이 되며, 영업경비 계산 시 개인업무비는 제외한다.

$$\therefore \text{수익가액} = \frac{\text{순영업소득}}{\text{환원이율}} = \frac{4,500\text{만원}}{0.05} = 9\text{억원}$$

02 다음 자료를 활용하여 직접환원법으로 평가한 대상부동산의 수익가액은? (단, 주어진 조건에 한하며, 연간 기준임) • 30회

• 가능총소득: 8,000만원
• 공실손실상당액 및 대손충당금: 가능총소득의 10%
• 수선유지비: 400만원
• 화재보험료: 100만원
• 재산세: 200만원
• 영업소득세: 300만원
• 부채서비스액: 500만원
• 환원율: 10%

---

① 5억 7천만원
② 6억원
③ 6억 5천만원
④ 6억 7천만원
⑤ 6억 8천만원

| 해설 |

직접환원법으로 평가한 대상부동산의 수익가액을 구하기 위해서는 먼저 순영업소득을 구해야 한다.

	가능총소득	8,000만원
−	공실 및 대손손실	− 800만원(= 8,000만원 × 0.1)
	유효총소득	7,200만원
−	영업경비	− 700만원(= 400만원 + 100만원 + 200만원)
	순영업소득	6,500만원

영업경비는 수선유지비 400만원, 화재보험료 100만원, 재산세 200만원을 합한 700만원이 된다.

$$\therefore \ \text{수익가액} = \frac{\text{순영업소득}}{\text{환원이율}} = \frac{6,500만원}{0.1} = 6억 \ 5천만원$$

03 다음과 같은 조건에서 수익환원법에 의해 평가한 대상부동산의 가치는? •24회

- 유효총소득(EGI): 38,000,000원
- 영업경비(OE): 8,000,000원
- 토지가액 : 건물가액 = 40% : 60%
- 토지환원이율: 5%
- 건물환원이율: 10%

① 325,000,000원   ② 375,000,000원

③ 425,000,000원   ④ 475,000,000원

⑤ 500,000,000원

| 해설 |

유효총소득이 38,000,000원이고, 영업경비가 8,000,000원이므로 순영업소득은 38,000,000원 − 8,000,000원 = 30,000,000원이다.

또한 토지환원이율이 5%이고, 건물환원이율이 10%이며, 토지가액 : 건물가액 = 40% : 60%이므로 물리적 투자결합법으로 종합환원이율을 구하면

종합환원이율 = (5% × 0.4) + (10% × 0.6) = 8%(0.08)이다.

$$\therefore \ 수익가격 = \frac{순영업소득}{환원이율} = \frac{30,000,000원}{0.08} = 375,000,000원$$

04 다음 자료를 활용하여 산정한 대상부동산의 수익가액은? (단, 연간 기준이며, 주어진 조건에 한함)

• 33회

• 가능총소득(PGI): 44,000,000원
• 공실손실상당액 및 대손충당금: 가능총소득의 10%
• 운영경비(OE): 가능총소득의 2.5%
• 대상부동산의 가치구성비율: 토지(60%), 건물(40%)
• 토지환원율: 5%, 건물환원율: 10%
• 환원방법: 직접환원법
• 환원율 산정방법: 물리적 투자결합법

① 396,000,000원   ② 440,000,000원
③ 550,000,000원   ④ 770,000,000원
⑤ 792,000,000원

| 해설 |

직접환원법으로 평가한 대상부동산의 수익가액을 구하기 위해서는 먼저 순영업소득을 구해야 한다.

가능총소득	44,000,000원
− 공실손실상당액 및 대손충당금	− 4,400,000원(= 44,000,000원 × 0.1)
유효총소득	39,600,000원
− 영업경비	− 1,100,000원(= 44,000,000원 × 0.025)
순영업소득	38,500,000원

또한 토지환원율이 5%이고, 건물환원율이 10%이며, 토지가액 : 건물가액 = 60% : 40%이므로 물리적 투자결합법으로 환원(이)율을 산정하면

환원(이)율 = (5% × 0.6) + (10% × 0.4) = 7%(0.07)이다.

$$\therefore \; 수익가격 = \frac{순영업소득}{환원이율} = \frac{38,500,000원}{0.07} = 550,000,000원$$

09 시산가액 조정에 의한 감정평가액을 구하는 문제

대표 문제

다음 자료를 활용하여 시산가액 조정을 통해 구한 감정평가액은? (단, 주어진 조건에 한함)

• 27회

- 거래사례를 통해 구한 시산가액(가치): 1.2억원
- 조성비용을 통해 구한 시산가액(가치): 1.1억원
- 임대료를 통해 구한 시산가액(가치): 1.0억원
- 시산가액 조정 방법: 가중치를 부여하는 방법
- 가중치: 원가방식 20%, 비교방식 50%, 수익방식 30%를 적용함

① 1.09억원   ② 1.10억원
③ 1.11억원   ④ 1.12억원
⑤ 1.13억원

| 해설 |

문제에서 제시된 시산가액 조정 방법이 가중치를 부여하는 방법이므로 시산가액에 가중치를 곱하여 합산하면 된다.
따라서 시산가액 = (1.2억원 × 0.5) + (1.1억원 × 0.2) + (1억원 × 0.3) = 1.12억원(1억 1,200만원)이 된다.

| 정답 | ④

방's KEY POINT

감정평가액 = Σ(각 시산가액 × 각각 부여된 가중치)

필기 노트 ·

01 다음 자료를 활용하여 시산가액 조정을 통해 구한 감정평가액은? (단, 주어진 조건에 한함)

- 원가방식에 의한 구한 시산가액(가치): 1억 5,000만원
- 비교방식에 의해 구한 시산가액(가치): 1억 8,000만원
- 수익방식에 의해 구한 시산가액(가치): 2억원
- 시산가액 조정 방법: 가중치를 부여하는 방법
- 가중치: 원가방식 20%, 비교방식 30%, 수익방식 50%를 적용함

① 1억 6,200만원　　　　　　　　② 1억 7,500만원
③ 1억 8,400만원　　　　　　　　④ 2억 300만원
⑤ 2억 2,300만원

| 해설 |

시산가액 = (1억 5,000만원 × 0.2) + (1억 8,000만원 × 0.3) + (2억원 × 0.5)
　　　　= 3,000만원 + 5,400만원 + 1억원 = 1억 8,400만원이 된다.

삶의 순간순간이
아름다운 마무리이며
새로운 시작이어야 한다.

– 법정 스님

memo

2025 에듀윌 공인중개사 이영방 합격패스 계산문제 부동산학개론

발 행 일	2025년 3월 21일 초판
편 저 자	이영방
펴 낸 이	양형남
펴 낸 곳	(주)에듀윌
I S B N	979-11-360-3718-3
등록번호	제25100-2002-000052호
주 소	08378 서울특별시 구로구 디지털로34길 55
	코오롱싸이언스밸리 2차 3층

www.eduwill.net

대표전화 1600-6700

여러분의 작은 소리
에듀윌은 크게 듣겠습니다.

본 교재에 대한 여러분의 목소리를 들려주세요.
공부하시면서 어려웠던 점, 궁금한 점,
칭찬하고 싶은 점, 개선할 점, 어떤 것이라도 좋습니다.

에듀윌은 여러분께서 나누어 주신 의견을
통해 끊임없이 발전하고 있습니다.

에듀윌 도서몰 book.eduwill.net
• 부가학습자료 및 정오표: 에듀윌 도서몰 → 도서자료실
• 교재 문의: 에듀윌 도서몰 → 문의하기 → 교재(내용, 출간) / 주문 및 배송

에듀윌 직영학원에서
합격을 수강하세요

언제나 전문 학습 매니저와 상담이 가능한 안내데스크

고품질 영상 및 음향 장비를 갖춘 최고의 강의실

재충전을 위한 카페 분위기의 아늑한 휴게실

에듀윌의 상징 노란색의 환한 학원 입구

에듀윌 직영학원 대표전화

공인중개사 학원	02)815-0600	공무원 학원	02)6328-0600
주택관리사 학원	02)815-3388	소방 학원	02)6337-0600
전기기사 학원	02)6268-1400		

편입 학원　02)6419-0600

부동산아카데미　02)6736-0600

공인중개사학원
바로가기

에듀윌 공인중개사 동문회 특권

1. 에듀윌 공인중개사 합격자 모임

2. 앰배서더 가입 자격 부여

3. 동문회 인맥북

업계 최대 네트워크

4. 개업 축하 선물

5. 온라인 커뮤니티

부동산 정보
실시간 공유

6. 오프라인 커뮤니티

지부/기수 정기모임

7. 공인중개사 취업박람회

8. 동문회 주최 실무 특강

9. 프리미엄 복지혜택

숙박/자기계발/의료
및 소식지 무료 구독

10. 마이오피스

동문 사무소
등록/조회

11. 동문회와 함께하는 사회공헌활동

※ 본 특권은 회원별로 상이하며, 예고 없이 변경될 수 있습니다.

에듀윌 공인중개사 동문회 | dongmun.eduwill.net
문의 | 1600-6700

에듀윌 부동산 아카데미 강의 듣기

성공 창업의 필수 코스
부동산 창업 CEO 과정

1 튼튼 창업 기초

· 창업 입지 컨설팅
· 중개사무 문서작성
· 성공 개업 실무TIP

2 중개업 필수 실무

· 온라인 마케팅
· 세금 실무
· 토지/상가 실무
· 재개발/재건축

3 실전 Level-Up

· 계약서작성 실습
· 중개영업 실무
· 사고방지 민법실무
· 빌딩 중개 실무
· 부동산경매

4 부동산 투자

· 시장 분석
· 투자 정책

부동산으로 성공하는
컨설팅 전문가 3대 특별 과정

마케팅 마스터

· 데이터 분석
· 블로그 마케팅
· 유튜브 마케팅
· 실습 샘플 파일 제공

디벨로퍼 마스터

· 부동산 개발 사업
· 유형별 절차와 특징
· 토지 확보 및 환경 분석
· 사업성 검토

빅데이터 마스터

· QGIS 프로그램 이해
· 공공데이터 분석 및 활용
· 컨설팅 리포트 작성
· 토지 상권 분석

경매의 神과 함께 '중개'에서
'경매'로 수수료 업그레이드

· 공인중개사를 위한 경매 실무
· 투자 및 중개업 분야 확장
· 고수들만 아는 돈 되는 특수 물권
· 이론(기본) - 이론(심화) -
　임장 3단계 과정
· 경매 정보 사이트 무료 이용

실전 경매의 神
안성선
이주왕
장석태

에듀윌 부동산 아카데미 | uland.eduwill.net

문의 | 온라인 강의 1600-6700, 학원 강의 02)6736-0600